Kerstin Schaaf

Sabbaticals – Auszeit vom Job

Eine empirische Untersuchung über den Nutzen aus Unternehmenssicht

Diplomica Verlag GmbH

Schaaf, Kerstin: Sabbaticals – Auszeit vom Job: Eine empirische Untersuchung über den Nutzen aus Unternehmenssicht. Hamburg, Diplomica Verlag GmbH 2013

Buch-ISBN: 978-3-8428-8400-7
PDF-eBook-ISBN: 978-3-8428-3400-2
Druck/Herstellung: Diplomica® Verlag GmbH, Hamburg, 2013
Covermotiv: © Rudie/ Fotolia.com
Covergestaltung: Andreas Hinsenkamp

Bibliografische Information der Deutschen Nationalbibliothek:
Die Deutsche Nationalbibliothek verzeichnet diese Publikation in der Deutschen Nationalbibliografie; detaillierte bibliografische Daten sind im Internet über http://dnb.d-nb.de abrufbar.

Das Werk einschließlich aller seiner Teile ist urheberrechtlich geschützt. Jede Verwertung außerhalb der Grenzen des Urheberrechtsgesetzes ist ohne Zustimmung des Verlages unzulässig und strafbar. Dies gilt insbesondere für Vervielfältigungen, Übersetzungen, Mikroverfilmungen und die Einspeicherung und Bearbeitung in elektronischen Systemen.

Die Wiedergabe von Gebrauchsnamen, Handelsnamen, Warenbezeichnungen usw. in diesem Werk berechtigt auch ohne besondere Kennzeichnung nicht zu der Annahme, dass solche Namen im Sinne der Warenzeichen- und Markenschutz-Gesetzgebung als frei zu betrachten wären und daher von jedermann benutzt werden dürften.

Die Informationen in diesem Werk wurden mit Sorgfalt erarbeitet. Dennoch können Fehler nicht vollständig ausgeschlossen werden und die Diplomica Verlag GmbH, die Autoren oder Übersetzer übernehmen keine juristische Verantwortung oder irgendeine Haftung für evtl. verbliebene fehlerhafte Angaben und deren Folgen.

Alle Rechte vorbehalten

© Diplomica Verlag GmbH
Hermannstal 119k, 22119 Hamburg
http://www.diplomica-verlag.de, Hamburg 2013
Printed in Germany

Inhaltsverzeichnis

    Abkürzungsverzeichnis 7

    Abbildungsverzeichnis 8

1 Einleitung 9

    1.1 Problemstellung 9

    1.2 Zielsetzung 10

    1.3 Vorgehensweise 10

2 Grundlagen 11

    2.1 Definition und Hintergrundinformationen zu Sabbaticals 11

        2.1.1 Herkunft 11

        2.1.2 Definition 11

        2.1.3 Nutzung von Sabbaticals 12

        2.1.4 Ansparmodelle 13

        2.1.5 Langzeitkonten als Basis von Sabbaticals 14

        2.1.6 Flexi-II-Gesetz 15

    2.2 Historie und Trend 17

3 Grundsätzliche Motive von Sabbaticals 21

    3.1 Demografie 21

    3.2 Globalisierung und Internationalisierung 23

    3.3 Wertewandel 24

4 Sabbaticals als Teil der Work-Life-Balance 25

    4.1 Definition der Work-Life-Balance und Hintergrundinformationen 25

    4.2 Work-Life-Balance - Maßnahmen 26

    4.3 Aktualität 30

5 Ziele, Chancen und Risiken von Sabbaticals 33

5.1 Absichten 33
5.1.1 Arbeitsmotivation 33
5.1.2 Arbeitszufriedenheit 35
5.1.3 Commitment 35

5.2 Vor- und Nachteile 36
5.2.1 Gesundheitsmanagement 36
5.2.2 Personalmarketing 37
5.2.3 Personalentwicklung 38
5.2.4 Ressourcenmanagement 39
5.2.5 Arbeitszeitmanagement 40
5.2.6 Fazit 41

6 Empirische Forschung 42

6.1 Befragung als ausgewählte Methode 42
6.2 Zielsetzung der Untersuchung 43
6.3 Ablauf der Befragung 43
6.4 Auswertung der Befragung 44
6.5 Handlungsempfehlung 59

7 Ausblick 61

Anhang 65

Literaturverzeichnis 93

Abkürzungsverzeichnis

B
bAV   betriebliche Altersversorgung

C
CRF   Corporate Research Foundation

D
DEBA   Deutsche Employer Branding Akademie

E
EU   Einheitsübersetzung

H
HDAX   Index, der die Wertentwicklung aller Aktien in DAX, MDAX und TecDAX abbildet

K
Kapovaz   Kapazitätsorientierte variable Arbeitszeit

U
u.a.m.   und andere mehr
USA   United States of America

Abbildungsverzeichnis

Abbildung 1: Nutzungsmuster. 13

Abbildung 2: Vom Normalarbeitsverhältnis zur Patchwork-Biographie 19

Abbildung 3: Altersaufbau der Bevölkerung in Deutschland 22

Abbildung 4: Die Bausteine der Work-Life-Balance 25

Abbildung 5: Flexibilisierung der Arbeitszeit und des Arbeitsortes. 29

Abbildung 6: Die wichtigsten Work-Life-Balance-Maßnahmen 30

Abbildung 7: Eingeführte Work-Life-Balance-Maßnahmen 30

Abbildung 8: Die wahrgenommene Wichtigkeit im Vergleich zur Einführung von Work-Life-Balance-Maßnahmen 31

Abbildung 9: Diskrepanz zwischen Wichtigkeit und Einführung 31

Abbildung 10: Unternehmensgröße 45

Abbildung 11: Branchenverteilung 45

Abbildung 12: Informationsangebot zu Sabbaticals. 46

Abbildung 13: Engagement für Sabbaticals seitens der Führungskräfte 46

Abbildung 14: Informationsangebot zu Sabbaticals nach Einführungszeitraum 47

Abbildung 15: Engagement für Sabbaticals seitens der Führungskräfte nach Einführungszeitraum, eigene Darstellung. 47

Abbildung 16: Mehrwert von Sabbaticals 49

Abbildung 17: Betriebswirtschaftliche Effekte. 50

Abbildung 18: Gründe für die Einführung von Sabbaticals 51

Abbildung 19: Einführungszeitraum von Sabbaticals 52

Abbildung 20: Positive Veränderungen der Sabbaticalteilnehmer 53

Abbildung 21: Positive Veränderung von Mitarbeitern nach Einführungszeitraum .. 53

Abbildung 22: Auswirkungen der Sabbaticals auf Mitarbeiter 54

Abbildung 23: Kündigungen nach Inanspruchnahme von Sabbaticals 55

Abbildung 24: Bedeutsamkeit von Sabbaticals 57

Abbildung 25: Bedeutsamkeit von Sabbaticals in fünf Jahren 57

Abbildung 26: Weitere Work-Life-Balance-Angebote 58

1 Einleitung

1.1 Problemstellung

„Der Herr sprach zu Mose auf dem Berg Sinai: Rede zu den Israeliten und sag zu ihnen: Wenn ihr in das Land kommt, das ich euch gebe, soll das Land Sabbatruhe zur Ehre des Herrn halten. Sechs Jahre sollst du dein Feld besäen, sechs Jahre sollst du deinen Weinberg beschneiden und seinen Ertrag ernten. Aber im siebten Jahr soll das Land eine vollständige Sabbatruhe zur Ehre des Herrn halten: Dein Feld sollst du nicht besäen und deinen Weinberg nicht beschneiden."[1]

Dieses Zitat entstand in der Zeit zwischen 1450 bis 1410 vor Christus. Die Grundidee der Sabbaticals ist demnach auf einen jahrhundertealten Ursprung zurückzuführen.

Heutzutage besteht der Alltag zunehmend aus Stress, Druck und Hektik. Innere Kündigung oder Burnout kann die Folge sein. Zudem ist es schwierig, Beruf und Privatleben in Einklang zu bringen. Die Gesellschaft befindet sich in einem Wertewandel. Insbesondere drängen Arbeitnehmer nach mehr Selbstbestimmung und Individualität und fordern eine flexiblere Gestaltung der Arbeitszeit entsprechend ihrer spezifischen Interessen in Abhängigkeit von Alter, Geschlecht, Familienstand und Gewichtung anderer Lebensbereiche.[2] Ca. 10 - 20 Prozent der Arbeitnehmer wünschen sich eine Auszeit vom Job, um sich auf andere Tätigkeiten fokussieren zu können.[3] Und das Interesse an Sabbaticals nimmt zu.

Gerade mit Hinblick auf den demografischen Wandel müssen Unternehmen neue Motivationsstrategien anbieten, um potentielle Mitarbeiter auf sich aufmerksam zu machen und an das Unternehmen zu binden.

Es heißt, Sabbaticals steigerten „die Motivation und Kreativität"[4] von Arbeitnehmern und seien „für beide Seiten von erheblichem Nutzen"[5]. Doch wie stehen Unternehmen zu einer solchen Auszeit und stellen Sabbaticals wirklich einen Mehrwert für Unternehmen dar?

---

[1] Bibel (EU), Altes Testament, Leviticus 25, 1-4.
[2] Vgl. Heitz, A. (1998), S. 30.
[3] Vgl. Hoff, A. (2008), http://www.stern.de/panorama/auszeit-vom-job-das-bringt-ein-sabbatical-646876.html, Abruf am 31.10.2011.
[4] Zacheo, D. (2008), Buchrücken.
[5] Zacheo, D. (2008), Buchrücken.

1.2 Zielsetzung

In diesem Buch soll der Begriff *Sabbatical* umfassend beleuchtet werden. Aufgrund der wenigen Literatur zu dem Thema[6] soll diese Studie zur weiteren Aufklärung beitragen. Ziel des Buches ist es, Gründe für die Notwendigkeit von Sabbaticals zu untersuchen und deren Für und Wider zu diskutieren.

Des Weiteren soll mittels einer Befragung von ausgewählten Unternehmen herausgefunden werden, welche betriebswirtschaftlichen Effekte ein Sabbatical bietet und ob Sabbaticals wirklich den Nutzen bringen, den sie vorgeben zu haben. Zusätzlich soll untersucht werden, welche Bedeutsamkeit Sabbaticals aus heutiger Sicht haben und in Zukunft haben werden.

1.3 Vorgehensweise

Das Buch gliedert sich in sieben Kapitel. Nach der Einleitung in die Thematik, dem ersten Kapitel, folgt in Kapitel zwei die Beschreibung theoretischer Grundlagen. Der Begriff *Sabbatical* wird definiert und durch weitere Informationen ergänzt. Ebenfalls wird Bezug zur Historie hergestellt, sowie der Blick in die Zukunft gegeben. Das dritte Kapitel handelt von externen und den sich daraus ergebenden internen Rahmenbedingungen, die der Grund für die Implementierung eines Instrumentes wie Sabbaticals sind. Kapitel vier betrachtet das Instrument *Sabbatical* unter dem Aspekt der Work-Life-Balance umfassend. Das fünfte Kapitel befasst sich intensiv mit den Zielen, Chancen und Risiken von Sabbaticals. Kapitel sechs, als empirischer Teil des Buches, vergleicht die theoretischen Elemente dieses Themas mit Erfahrungswerten aus der unternehmerischen Praxis. Hierzu wurde der computergestützte Fragebogen als Methode der empirischen Sozialforschung angewendet. Im weiteren Verlauf des Kapitels folgt nach den Auswertungsergebnissen die Handlungsempfehlung für Unternehmen. Der in die Zukunft weisende Ausblick schließt dieses Buch mit Kapitel sieben ab.

Um einen besseren Lesefluss zu ermöglichen, wird nur die männliche Form personenbezogener Begriffe verwendet.

---

[6] Zum Forschungsstand von Sabbaticals vgl. Priebe, A. (2007), S. 74 ff.

2 Grundlagen

2.1 Definition und Hintergrundinformationen zu Sabbaticals

2.1.1 Herkunft

Das Wort *Sabbatical* entstammt aus dem hebräischen Wort *shabbat*, welches mit *ruhen* übersetzt werden kann. Schon im Alten Testament der Bibel wird von einer Sabbatruhe gesprochen. Es heißt, dass nach sechsjähriger Bewirtschaftung der Felder im darauf folgenden Jahr keine Arbeiten vorgenommen werden sollen, sondern dem Herrn ein feierlicher Sabbat gehalten werden soll. Schon die antiken Bauern folgten diesem Rat. Sie erkannten, dass der Boden ihrer Felder nach langfristiger Bewirtschaftung an Kraft verlor und eine Regenerationsphase benötigte, um genügend Ernteerträge hervorzubringen.[7]

Diese Erkenntnis lässt sich auf die heutige Arbeitswelt übertragen. Arbeitnehmern wird eine Auszeit gewährt, um anschließend mit neuer Kraft und Energie in das Unternehmen zurückzukehren.[8]

Das aus der heutigen Arbeitswelt bekannte Sabbaticalmodell hat seinen Ursprung aus den Vereinigten Staaten von Amerika.[9] Sabbaticals sind auch unter den Begriffen *Sabbatjahr* oder *Langzeiturlaub* bekannt.[10] Grundgedanke ist, dass Arbeitnehmer für einen Zeitraum von mehreren Monaten bis zu mehreren Jahren bezahlt freigestellt werden, während der Anspruch auf ihren Arbeitsplatz oder eine vergleichbare Position nach ihrer Rückkehr gewährleistet bleibt.[11]

2.1.2 Definition

Eine einheitliche Definition von Sabbaticals existiert nicht. Die vorhandenen Erklärungen und Definitionsansätze weisen allerdings identische Inhalte auf. Eine mögliche Definition ist folgende: „Sabbaticals oder Sabbatzeiten sind neue Zeitelemente im Rahmen der Erwerbsarbeit von Beschäftigten, die sich aus einer von der Normalarbeitszeit abweichenden Verteilung der Arbeitszeit ergeben. Es sind von Erwerbsarbeit freie Phasen (Auszeiten über den Urlaub hinaus) von abhängig Beschäftigten, während derer sie weiter Angehörige des Betriebes sind,

---

[7] Vgl. Meussen, P., Stehr, S. (2003), S. 6.
[8] Vgl. Meussen, P., Stehr, S. (2003), S. 6.
[9] Vgl. Becker, F. G. (2002), o.S.
[10] Die Begriffe *Sabbatical*, *Sabbatjahr* und *Langzeiturlaub* werden synonym verwendet. Je nach Länge der Auszeit wird auch von einer *Blockfreizeit* gesprochen (bis zu einem Monat), vgl. Klenner, C. u.a. (2002), S. 178.
[11] Vgl. Gärtner, J. u.a. (2008), S. 55; Marsula, A. (2004), o.S.

fortlaufend Einkommen beziehen (auf Basis unterschiedlicher Finanzierungsquellen), aber ihre Verpflichtung zur Arbeitsleistung ruht."[12] Oder: „Das Sabbatical ist ein Arbeitszeitmodell, das ... Arbeitnehmer[n] die Möglichkeit gibt, für längere Zeit, meist 3 - 12 Monate, aus dem Job auszusteigen und nach dieser Zeit [wieder] auf den Arbeitsplatz ... zurückzukehren."[13] Unterschiedliche Meinungen bestehen meist bei folgenden Punkten:

- bezahlte, teilweise bezahlte oder unbezahlte Freistellung,
- Frage, ob eine Abwesenheit von einem Monat oder erst ab drei Monaten als Sabbatical gilt und ob ein Sabbatical nach zwölf Monaten endet oder auch mehrere Jahre dauern kann.

Diese Unstimmigkeiten sind auch darauf zurückzuführen, dass kein gesetzlicher Anspruch auf ein Sabbatical existiert. Deswegen sollten sich Arbeitgeber und Arbeit-nehmer zu folgenden Punkten einigen und diese schriftlich festhalten:[14]

- Dauer des Sabbaticals,
- Wartezeit, die einen Arbeitnehmer berechtigt ein Sabbatical in Anspruch zu nehmen,
- Art und Weise der Zeitansparung,
- Einbezug von Entgeltbestandteilen und Einmalzahlungen,
- in welchem Umfang der Entgeltausgleich erfolgt,
- Rückkehr auf den Arbeitsplatz nach der Freistellung,
- Ausschluss oder Anrechnung von Krankheitstagen während des Sabbaticals auf das Zeitguthaben,
- Kündigungsausschluss während der Abwesenheit (eine Vertragsauflösung aus betrieblichen Gründen ist auch während der Freistellung möglich) und
- Insolvenzsicherung des Arbeitszeitkontos.

2.1.3 Nutzung von Sabbaticals

Die Nutzung der freien Zeit ist vielfältig und erfolgt nach persönlichen Interessen z.B. für Familie, Hobbys, Weiterbildung oder Reisen. Sie ist auch vom Alter der Beschäftigten abhängig. Jüngere Arbeitnehmer gehen vorwiegend ihrer beruflichen Weiterentwicklung nach oder nutzen das Sabbatical für Sprachaufenthalte im Ausland und Reisen. Mit zunehmendem

---

[12] Klenner, C. u.a. (2002), S. 175.
[13] Arbeitsratgeber (2011), http://www.arbeitsratgeber.com/sabbatical_0170.html, Abruf am 23.8.2011.
[14] Vgl. Becker, F. G. (2002), o.S.; Ollenik, J. (2010),
  http://www.ruv.de/de/r_v_ratgeber/ausbildung_berufseinstieg/karrieretipps/sabbatjahr-auszeit-vom-job.jsp, Abruf am 28.7.2011.

Alter nimmt der Freizeitaspekt und die Regenerationsfunktion solcher Sabbaticals deutlich zu[15], wie folgende Abbildung zeigt:[16]

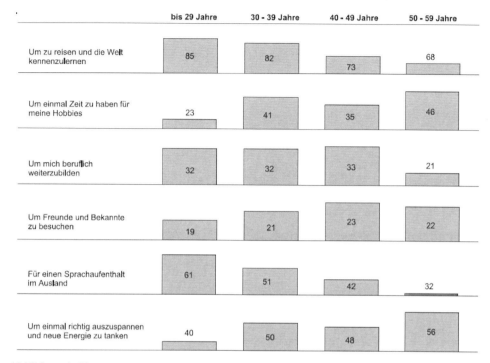

Abbildung 1: Nutzungsmuster, entnommen aus: Holenweger, T. (2001), S. 95.

Wird das Nutzungsverhalten der Geschlechter verglichen, so fällt auf, dass der Anteil der Männer im Verhältnis zu anderen Teilzeitformen deutlich höher ist.[17]

Auch Führungskräfte sehen in Sabbaticals eine gewisse Attraktivität. Bei ihrer hohen Arbeitsbelastung gestaltet es sich für sie schwer, ihre tägliche Arbeitszeit zu reduzieren. Dagegen lässt sich eine längere Auszeit, z.B. nach Beendigung eines Projektes, eher umsetzen.[18]

2.1.4 Ansparmodelle

Grundsätzlich existieren zwei verschiedene Modelle, Arbeitszeit für ein Sabbatical anzusparen. Einerseits hat der Arbeitnehmer die Möglichkeit, auf einem Langzeitkonto Urlaubstage und Überstunden inklusive Zuschläge sowie sonstige Geldleistungen, wie Weihnachts- und Urlaubsgeld, anzusparen, die durch die Auszeit als Freizeit wieder entnommen werden

---

[15] Vgl. Marsula, A. (2004), o.S.
[16] Diese Grafik ist nicht mehr ganz aktuell – es wurden aber keine neueren Aufzeichnungen dieser Art gefunden. Des Weiteren wird davon ausgegangen, dass das Nutzungsmuster auch heute noch repräsentabel ist.
[17] Vgl. Klenner, C. (2002), S. 180.
[18] Vgl. Holenweger, T. (2001), S. 96; Klenner, C. (2002), S. 180.

können. Nach beispielsweise fünfjährigem Ansparen kann das auf dem Langzeitkonto stetig angewachsene Guthaben dann zu einem viermonatigen Sabbatical wieder entnommen werden, während der Arbeitnehmer seine gewohnte Entlohnung erhält.[19]

Eine andere Methode ein Sabbatical anzusparen, ist der zeitlich begrenzte Lohnverzicht (Sonderform der Teilzeit). Der Arbeitnehmer verzichtet etwa pro geplanten Sabbat-monat auf ein Zwölftel seines Jahresgehalts und kann sein Sabbatical antreten, sobald ein ausreichendes Gehaltsguthaben angespart worden ist. Bei einem viermonatigen Sabbatical, müsste ein Arbeitnehmer vier Jahre lang auf ein Zwölftel oder ein Jahr lang auf ein Drittel seines Jahresgehalts verzichten. Auf diese Art und Weise kann das gewünschte Sabbatical schneller angespart werden, hat aber Lohneinbußen zur Folge.[20]

2.1.5 Langzeitkonten als Basis von Sabbaticals

Arbeitszeitkonten sind die Basis für flexible Arbeitszeiten. Mit ihnen werden meist auf elektronische Weise die tatsächlich geleistete Arbeit des Mitarbeiters erfasst und mit der vereinbarten zu leistenden Arbeitszeit verrechnet. So kann ein Guthaben auf- oder abgebaut werden, welches bis zu einem festgesetzten Zeitpunkt ausgeglichen werden muss. Eine Vereinbarung über eine Verlängerung oder Verkürzung der arbeitsvertraglichen Wochenarbeitszeit ist nicht erforderlich.[21]

Kurzzeitkonten

Zu den Kurzzeitkonten zählen alle Arbeitszeitkonten, deren Bezugs- bzw. Ausgleichszeitraum weniger als ein Jahr beträgt. Sie werden primär eingesetzt, um Beschäftigungsschwankungen aufzufangen und auszugleichen. Klassischerweise zählt das Modell der Gleitzeit zu diesen Arbeitszeitkontenarten.[22]

Langzeitkonten[23]

Diese Kontenform ist u.a. für die Ansparung eines Sabbaticals empfehlenswert. Im Gegensatz zu Kurzzeitkonten, bei denen das Guthaben innerhalb eines bestimmten Zeitraumes ausgeglichen

---

[19] Vgl. Institut der deutschen Wirtschaft Köln (2003a), http://www.flexible-arbeitszeiten.de/Kompakt/Modelle/sabbatical1.htm, Abruf am 30.8.2011; Priebe, A. (2007), S. 69.
[20] Vgl. Institut der deutschen Wirtschaft Köln (2003a), http://www.flexible-arbeitszeiten.de/Kompakt/Modelle/sabbatical1.htm, Abruf am 30.8.2011; Priebe, A. (2007), S. 69.
[21] Vgl. Arbeit NRW (o.J.b), http://www.arbeit.nrw.de/pdf/arbeit/az_grundformen_arbeitszeitgestaltung-13_arbeitszeitkonto.pdf, Abruf am 20.06.2011.
[22] Vgl. Institut der deutschen Wirtschaft Köln (2003c), http://www.flexible-arbeitszeiten.de/Kompakt/Modelle/Arbeitszeitkonten1.htm#Beschreibung, Abruf am 30.8.2011.
[23] *Langzeitkonten* und *Lebensarbeitszeitkonten* werden oft synonym verwendet. Erstere sollen die Arbeitszeiten während des Erwerbslebens variabilisieren. Lebensarbeitszeitkonten dienen dem vorgezogenen Ruhestandseintritt, vgl. Hildebrandt, E. (2007), S. 177 und werden daher hier nicht weiter berücksichtigt.

wird, wird bei Langzeitkonten über einen längeren Zeitraum (mindestens über ein Jahr) Guthaben aufgebaut und mittel- bis langfristig durch spezielle Verwendungszwecke bei fortlaufendem Entgelt wieder ausgeglichen.[24] Mit Langzeitkonten können Arbeitgeber ihren Mitarbeitern eine lebensphasenorientierte Gestaltung der persönlichen Arbeitszeit anbieten. Allerdings ist eine Vielzahl von rechtlichen Rahmenbedingungen zu beachten, beispielsweise der Insolvenzschutz und die Portabilität der Guthaben, die speziell im Flexi-II-Gesetz definiert sind.[25]

2.1.6 Flexi-II-Gesetz

Seit der Einführung des Gesetzes zur sozialrechtlichen Absicherung flexibler Arbeitszeitgestaltungen vom 6. April 1998 (Flexi-I-Gesetz) haben die von Arbeitnehmern auf Arbeitszeitkonten erwirtschafteten Wertguthaben an Bedeutung gewonnen. Durch das Gesetz zur Verbesserung der Rahmenbedingungen für die Absicherung flexibler Arbeitszeitregelungen (Flexi-II-Gesetz) wurden die Rahmenbedingungen für flexible Arbeitszeitmodelle nochmals verbessert und vervollständigt. Das Flexi-II-Gesetz soll Langzeitkonten sowohl für Arbeitgeber als auch Arbeitnehmer attraktiver machen.[26] Die Änderungen des zum 1. Januar 2009 in Kraft getretenen Flexi-II-Gesetzes sind im Einzelnen:[27]

Begriff der Wertguthabenvereinbarung

Der bisherige Begriff des Zeitwertkontos wurde *Wertguthabenvereinbarung* bezeichnet. Eine gesetzlich anerkannte Wertguthabenvereinbarung muss schriftlich vereinbart werden, wobei Betriebsvereinbarungen und Tarifverträge als solche Vereinbarungen gelten. Wertguthabenvereinbarungen dürfen nicht das Ziel einer flexiblen Gestaltung der täglichen oder wöchentlichen Arbeitszeit oder den Ausgleich von Produktionsschwankungen verfolgen.

Einbeziehung geringfügiger Beschäftigungen

Neu ist auch die Öffnung von Zeitwertkontenmodellen für geringfügig Beschäftigte.

---

[24] Vgl. Arbeit NRW (o.J.c), http://www.arbeit.nrw.de/pdf/arbeit/az_grundformen_arbeitszeitgestaltung-14_langzeitkonto.pdf, Abruf am 20.06.2011.
[25] Vgl. Haufe (o.J.), http://www.haufe.de/personal/specialContentDetail?specialID=1225893141.29, Abruf am 28.7.2011.
[26] Vgl. Haufe (o.J.), http://www.haufe.de/personal/specialContentDetail?specialID=1225893141.29, Abruf am 28.7.2011.
[27] Vgl. Bouabba, R. (2009), http://www.mcgb.de/docs/MBP_2_09.pdf, Abruf am 13.9.2011; Cisch, T. B., Ulbrich, M. (2009), S. 84 ff.; Döring, R. (2009), S. 1 ff.; Hoff, A. (2009), S. 3 ff.; R+V (2009), http://www.ruv.de/de/download/altersvorsorgeportal/flexi_praesentation_20090518.pdf, Abruf am 13.9.2011; SGB IV (2009).

Verwendung von Wertguthabenvereinbarung

Die Arbeitnehmer haben einen Rechtsanspruch auf die Verwendungsmöglichkeiten der Wertguthaben für sämtliche gesetzlich geregelten Zeiten der vollständigen und/oder teilweisen Freistellung von der Arbeitsleistung, wie zum Beispiel der Pflegezeit, der Elternzeit oder einer Teilzeitbeschäftigung nach dem Teilzeit- und Befristungsgesetz. Diese Regelungen können im Rahmen von vertraglichen Vereinbarungen beschränkt oder auch gänzlich zugunsten anderweitiger Zwecksetzungen ausgeschlossen werden.

Führung und Verwaltung von Wertguthabenführung

Wertguthaben dürfen zukünftig nur noch in Geld- und nicht mehr in Zeitkonten geführt werden. Bereits bestehende Langzeitkonto-Regelungen zum Zeitpunkt des Inkrafttretens der Neuregelung in Zeit dürfen fortgeführt werden.

Die Kapitaleinlage in Aktien oder Aktienfonds ist bis maximal 20 Prozent zulässig. Eine höhere Aktienquote ist nur möglich, wenn sie in einem Tarifvertrag oder einer aufgrund eines Tarifvertrags ergangenen Betriebsvereinbarung zugelassen wurde oder der einzige Zweck des Zeitwertkontos die Ermöglichung eines Vorruhestandes ist. Darüber hinaus wurde auch eine Nominalwertgarantie eingeführt. Danach muss sichergestellt sein, dass im Zeitpunkt der vereinbarungsgemäßen Inanspruchnahme des Wertgut-habens mindestens die bis dahin eingezahlten Beiträge zur Verfügung stehen.

Insolvenzsicherungspflicht des Arbeitgebers

Besonderes Interesse gilt der Verschärfung des Insolvenzschutzes. Unternehmen sind gesetzlich verpflichtet, die angesparten Wertguthaben gegen Insolvenz zu sichern, einschließlich des Arbeitgeberteils am Gesamtsozialversicherungsbeitrag. Anerkannt wird die Anlage des Wertguthabens auf einem offenen Treuhandkonto oder ein gleichwertiges Sicherungsmodell. Hat sich der Arbeitgeber für eine Art des Insolvenzschutzes entschieden, bedarf ein nachträglicher Wechsel zu einem anderen Insolvenzsicherungsmodell der Zustimmung jedes einzelnen Berechtigten. Darüber hinaus wird die Wirksamkeit des Insolvenzschutzes vom Träger der Rentenversicherung im Rahmen der Betriebsprüfungen überprüft. Im Falle von Beanstandungen hat der Arbeitgeber eine Nachbesserungsfrist von zwei Monaten. Weist er binnen dieser Frist keine ordnungsgemäße Insolvenzsicherung nach, so gilt die gesamte Wertguthabenvereinbarung als von Anfang an unwirksam, mit der Folge erheblicher Beitragsnachzahlungen. Kommt der Arbeitgeber dem schriftlichen Verlangen des Arbeitnehmers nicht nach, einen ordnungsgemäßen Nachweis der Insolvenzsicherung binnen zwei Monaten nach Zugang vorzuweisen, so besteht für den Beschäftigten ein Recht zur außerordentlichen Kündigung der Wertguthabenvereinbarung.

Portabilität

Um die Auszahlung von Zeitwertkonten bei vorzeitiger Beendigung des Anstellungsverhältnisses zu vermeiden, hat der Arbeitnehmer die Möglichkeit, die Übertragung des Wertguthabens auf einen Folgearbeitgeber zu verlangen, wenn dieser ebenfalls eine Wertguthabenvereinbarung abgeschlossen hat und mit der Übertragung einverstanden ist. Alternativ besteht die Möglichkeit der Übertragung des Wertguthabens auf die Deutsche Rentenversicherung Bund, die das Wertguthaben dann für den Berechtigten fortführt. Der Berechtigte kann das auf die Deutsche Rentenversicherung Bund übertragene Wertguthaben sodann für die gesetzlichen Regeltatbestände verwenden. Dies umfasst somit auch den Anspruch auf befristete Arbeitszeitverkürzung gegenüber dem Folgearbeitgeber.

Streichung der bAV-Option

Die Möglichkeit Wertguthaben im Störfall sozialversicherungsfrei in eine betriebliche Altersversorgung zu überführen, wurde gestrichen. Steuerrechtlich ist eine solche Überführung aber immer noch möglich, sodass bei Wertkonten, die auf Entgelten oberhalb der Beitragsbemessungsgrenze beruhen, die Einbringung des Guthabens in eine betriebliche Altersversorgung nach wie vor eine interessante Gestaltungsalternative darstellt.

2.2 Historie und Trend

Die Arbeitszeit ist schon seit jeher ein Grund für Meinungsverschiedenheiten zwischen Arbeitgebern und Arbeitnehmern. Bis zur Industrialisierung richteten sich die Menschen nach natürlichen Zyklen und Rhythmen, wie z.B. Gezeiten, Jahreszeit sowie Tag und Nacht. Erst mit der Erfindung der mechanischen Uhr im 14. Jahrhundert und ihrer vielfachen Verbreitung zwischen dem 17. und 19. Jahrhundert als Taschenuhr sowie der sich entwickelnden Industrialisierung veränderte sich das Arbeitsverständnis, das sich nach Ordnung, Pünktlichkeit und Regelmäßigkeit richtete. Bei den Streitigkeiten ging es vorerst um die Dauer der Arbeitszeit und erst nach der Verkürzung der Arbeitszeit auf eine Fünf-Tage-Woche (Montag bis Freitag), wobei die Wochenarbeitszeit aber identisch blieb, schlossen sich Diskussionen um die Arbeitszeitverteilung an.[28]

---

[28] Vgl. Institut der deutschen Wirtschaft Köln (2002), http://www.flexible-arbeitszeiten.de/kompakt/Geschichte1.htm, Abruf am 7.7.2011; Deller, C. (2004), S. 7 ff.

In den 70er Jahren wurde die heute noch bekannte Gleitzeit aufgrund zunehmender Verkehrsprobleme infolge der einsetzenden Massenmotorisierung eingeführt. So hatten Arbeitnehmer eine Art Arbeitszeitflexibilisierung gewonnen, die aber von Unternehmen noch nicht als eigener Vorteil gesehen wurde. Mit der Gleitzeit blieben deshalb noch lange Kernzeiten, Zeitkonten mit Tendenz in den Plus-Bereich und eng begrenzte Gleittage-Möglichkeiten verbunden.[29]

Erst durch den Tarifvertrag der Metallindustrie über Arbeitszeitverkürzung von 1984 gewann in den darauf folgenden Jahren die Gestaltung und Flexibilisierung der Arbeitszeit zunehmend an Bedeutung. Unternehmen erkannten die Arbeitszeitflexibilisierung als Vorteil für sich und nutzten sie als Wettbewerbsfaktor. So konnte die bisherige Betriebszeit neu organisiert und neue Strategien zu einer flexibleren und ausgedehnten Nutzung der Produktionskapazitäten entwickelt werden.

In den 90er Jahren wurden erneut Flexibilisierungsmöglichkeiten geschaffen. Arbeitnehmer konnten z.B. für die Abgeltung von Mehrarbeit zwischen einer entsprechend höheren Bezahlung und einem Freizeitausgleich wählen. Auch nahm die persönliche Anwesenheitspflicht des Mitarbeiters einen immer weniger bedeutsamen Stellenwert ein. Die Arbeitnehmer konnten eigenverantwortlich untereinander unter Berücksichtigung einer kundenorientierten Besetzung ihre An- und Abwesenheit abstimmen.[30]

Seit Mitte der 1990er steigen die tatsächlichen Arbeitszeiten der Vollzeitbeschäftigten wieder an, und insbesondere seit Anfang des neuen Jahrtausends ist eine deutliche Tendenz zur Verlängerung der Arbeitszeit, in der Regel ohne Entgeltausgleich, zu beobachten. Ebenfalls werden immer neue flexible Arbeitszeitmodelle erfunden, die sich in der zunehmenden Verbreitung von verschiedenartigen Arbeitszeitkonten niederschlagen.[31]

Die Entwicklung zu einer Dienstleistungsgesellschaft setzt neue Verhaltensweisen voraus, wie z.B. Mobilität, Flexibilität und ständige Erreichbarkeit.[32] Um den heutigen Herausforderungen[33] sowie dem Leistungs- und Erfolgsdruck standhalten zu können, müssen Unternehmen neue Methoden entwickeln, um auf dem Arbeitsmarkt attraktiv zu bleiben und Mitarbeiter an sich zu binden.[34] Neue Werthaltungen, wie Autonomie, Souveränität, Emanzipation, Partizipation, Dialog, lebenslanges Lernen, Kreativität, Selbstständigkeit im Denken und

---

[29] Vgl. Institut der deutschen Wirtschaft Köln (2002), http://www.flexible-arbeitszeiten.de/kompakt/Geschichte1.htm, Abruf am 7.7.2011; Deller, C. (2004), S. 7 ff.
[30] Vgl. Institut der deutschen Wirtschaft Köln (2002), http://www.flexible-arbeitszeiten.de/kompakt/Geschichte1.htm, Abruf am 7.7.2011; Deller, C. (2004), S. 7 ff.
[31] Vgl. Institut der deutschen Wirtschaft Köln (2002), http://www.flexible-arbeitszeiten.de/kompakt/Geschichte1.htm, Abruf am 7.7.2011; Deller, C. (2004), S. 7 ff.
[32] Vgl. Toman, S. (2006), S. 1; Schobert, D. B. (2007), S. 19 ff.
[33] Vgl. Kapitel 3.
[34] Vgl. Thom, N. u.a. (2009), http://www.goldwynreports.com/?p=208, Abruf am 29.7.2011.

Handeln sowie Persönlichkeitsentfaltung, haben sich verbreitet. „Aus gesellschaftlicher Sicht hat sich Zeitsouveränität als ein zentraler Wert etabliert."[35] So entstand unter vielen anderen Konzepten das Sabbatical auch bei Arbeitsverhältnissen. Zuerst führten Professoren aus den Vereinigten Staaten Amerikas in den 60er Jahren vorlesungsfreie Forschungssemester an anderen Universitäten ein.[36] In Deutschland führte der öffentliche Dienst 1987 die mehrmonatige Freistellung für Beamte im Schuldienst aufgrund der Überkapazität an Lehrern ein. Später galten diese Regelungen auch für andere Beamte und Angestellte im öffentlichen Dienst. Je nach Bundesland existieren verschiedene Regelungen. Meist können sie für die Dauer von drei bis sieben Jahren für zwei Drittel bis sechs Siebtel des normalen Gehaltes arbeiten. Im anschließenden Freistellungsjahr werden die reduzierten Bezüge fortgezahlt. In der freien Wirtschaft ist das Sabbaticalmodell noch eine recht junge Flexibilisierungsvariante. Erst im Zuge der Einführung des Blockmodells bei der Altersteilzeit wurden 1998 neue gesetzliche Regelungen zu Langzeiturlauben getroffen.[37]

Sabbaticals haben sich in der heutigen Arbeitswelt noch nicht durchdringend etabliert, werden aber immer beliebter. Denn „der Wandel der Werte, die Forderung nach lebenslangem Lernen, die fortschreitende Individualisierung und ein neues Rollenverständnis führen zur Abkehr vom Normalarbeitsverhältnis und zur Erfindung und Gestaltung neuer Lebensentwürfe. Das Bild der Patchwork-Biographie gibt diesen Wandel am eindrücklichsten wieder."[38]

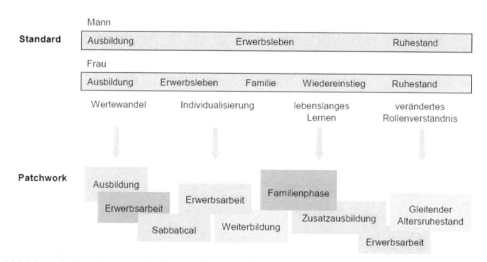

Abbildung 2: Vom Normalarbeitsverhältnis zur Patchwork-Biographie, in Anlehnung an: Fauth-Herkner, A., Wiebrock, S. (2001d), S. 208.

---

[35] Deller, C. (2004), S. 11.
[36] Vgl. Gärtner, J. u.a. (2008), S. 55; Meussen, P., Stehr, S. (2003), S. 6; Priebe, A. (2007), S. 67; Zacheo, D. (2008), S. 6.
[37] Vgl. Deller, C. (2004), S. 11; Necati, L. (2004), S. 1 f.; Richter, A. (2002), S. 49 ff.
[38] Holenweger, T. (2001), S. 97.

Im Gegensatz zu geradlinigen Lebensläufen reihen sich in der Patchwork-Biografie (Flickwerk-Biografie) die einzelnen individualisierten Lebensbereiche aneinander bzw. können sich auch überschneiden.[39] „Arbeitszeitgestaltung in dieser Perspektive heißt: die Ermöglichung von eingestreuten Familienphasen mit stark reduzierter Erwerbstätigkeit, Sabbaticals für Reisen; Weiterbildungsurlaube dank angesparter Zeit auf dem individuellen Zeitkonto und schließlich gleitender Übergang in den Altersruhestand nach den eigenen Bedürfnissen und Möglichkeiten. Aber es heißt auch: intensive Erwerbsphasen mit größter Produktivität, um all dies zu ermöglichen."[40]

Während Sabbaticals in Deutschland noch verhältnismäßig wenig Akzeptanz finden, nutzen andere Länder dieses Arbeitsmodell bereits als gängiges Werkzeug zur Arbeitszeitflexibilisierung. In Österreich z.B. gibt es für Beamte eine Sabbatical-Möglichkeit. Nach einer gewissen Betriebszugehörigkeit können diese ein Sabbatical nehmen, während sie 80 Prozent ihres Monatsbezuges erhalten. In Schweden kann eine Woche des Jahresurlaubsanspruches auf Wunsch für eine geplante Abwesenheit angespart werden. In Dänemark können Beschäftigte nach drei Jahren Berufstätigkeit für sechs Monate mit einem Arbeitslosen tauschen und bekommen weiterhin 80 Prozent ihres Lohnes. Französischen Bürgern steht per Gesetz nach sechs Arbeitsjahren (davon drei im selben Betrieb) ein sechs- bis elfmonatiges unbezahltes *congé sabbartique* zu. Auch in den benachbarten Niederlanden können sich Arbeitnehmer nach einem Jahr fester Arbeit für einen Bildungsurlaub bis zu sechs Monate freistellen lassen und werden mit maximal 500 Euro unterstützt, wenn zeitgleich Arbeitslosen ein Wiedereinstieg in den Job ermöglicht wird. In Finnland existiert ein ähnliches Programm. In Australien werden einem Arbeitnehmer im öffentlichen Dienst nach zehn Jahren Anspruch auf einen dreimonatigen bezahlten *long service leave* gewährt. In den USA können Professoren und College-Lehrer nach fünf- bis siebenjähriger Lehrtätigkeit ein *sabbatical leave* nehmen, welches zur Hälfte bezahlt wird.[41]

---

[39] Vgl. Holenweger, T. (2001), S. 97.
[40] Holenweger, T. (2001), S. 98.
[41] Vgl. Heitz, A. (1998), S. 100; Moll, M. (2011), http://www.dieweltenbummler.de/html/sabbatical.html, Abruf am 11.12.2011; Richter, A. (2002), S. 53 f.

3 Grundsätzliche Motive von Sabbaticals

3.1 Demografie

Deutschland verzeichnet seit 2003 einen Bevölkerungsrückgang. Ein Fortschreiten dieses Prozesses wird vom Statistischen Bundesamt prognostiziert. Ende 2008 lebten circa 82 Millionen Menschen in Deutschland. 2060 werden es zwischen 65 Millionen (bei jährlicher Zuwanderung von 100.000 Personen) und 70 Millionen (bei jährlicher Zuwanderung von 200.000 Personen) sein. Grund ist nicht nur die Außenwanderung, also die Bevölkerungsbewegungen über die Grenzen des Landes, sondern auch die Geburten- und Sterberate. Durch die seit über dreißig Jahren relativ konstante Geburtenhäufigkeit von etwa 1,4 Kindern je Frau, die auch für die Zukunft weitgehend unverändert angenommen wird, fällt jede neue Generation um ein Drittel kleiner aus. Des Weiteren steigt aufgrund der Fortschritte in der medizinischen Versorgung, der Hygiene, der Ernährung, der Wohnsituation sowie der verbesserten Arbeitsbedingungen die Lebenserwartung.[42]

Die bevölkerungsstärksten Jahrgänge der Bevölkerungspyramide waren einst die Kinder gewesen. Nun rücken immer weniger junge Menschen nach, sodass sich momentan die mittleren Altersklassen als die bevölkerungsstärksten zeigen. Bis zum Jahr 2060 werden die stark besetzten Jahrgänge weiter nach oben verschoben und durch immer kleinere Generationen ersetzt[43], wie folgende Abbildung zeigt.

---

[42] Vgl. Statistisches Bundesamt (2009), S. 12 ff.
[43] Vgl. Deller, J. u.a. (2008), S. 9 ff.; Statistisches Bundesamt (2009), S. 12 ff.

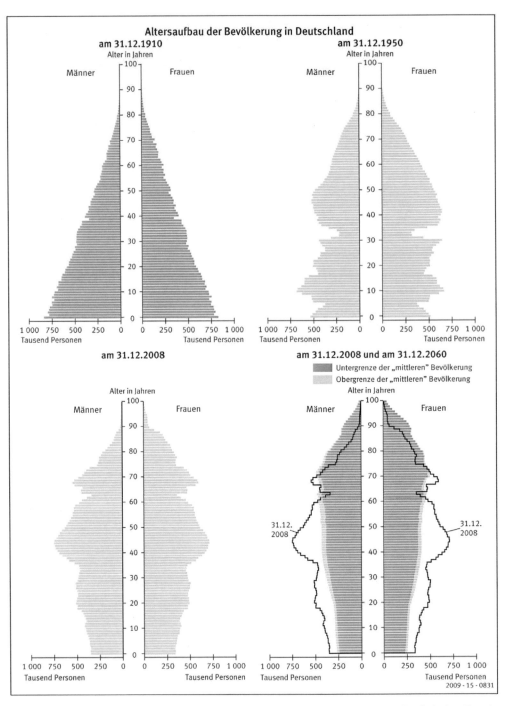

Abbildung 3: Altersaufbau der Bevölkerung in Deutschland, entnommen aus: Statistisches Bundesamt (2009), S. 15.

Die Veränderungen in der Altersstruktur der Bevölkerung haben somit auch Auswirkungen auf die Unternehmen, da das Arbeitskräftepotential, Menschen zwischen 20 und 65 Jahren, sinken wird und zudem zum größten Teil älter als 50 Jahre sein wird. Eine Erhöhung des Renteneintrittsalters auf 67 Jahre führt für das Jahr 2060 zu einer um ein bis zwei Millionen größeren Bevölkerung im Erwerbsalter, wobei die ältere Gruppe dadurch gleichzeitig ein noch stärkeres Gewicht erhält.[44]

Vor diesem Hintergrund sind Unternehmen angehalten, ihre Personalpolitik an die Veränderungen anzupassen. Es wird wichtig sein, das Unternehmen für junge Erwerbsfähige attraktiv zu gestalten sowie die Gesundheit und Leistungsfähigkeit älterer Arbeitnehmer zu erhalten und zu fördern. Unternehmen sollten deshalb Möglichkeiten der regelmäßigen Regeneration bieten, um einen höheren Arbeitseinsatz sowie auch eine gesteigerte Produktivität zu erreichen.[45]

Unternehmen kommen ohne neue Personalstrategien nicht aus, um erfolgreich zu bleiben. Diese Strategien sollten die Interessen von Unternehmen, den mittelfristigen Unternehmenserfolg, der Erhalt von Humankapital und die Unternehmensattraktivität, beinhalten.[46] „Hierbei spielen die Aspekte Familienfreundlichkeit und Work-Life-Balance eine entscheidende Rolle. In diesem Zusammenhang könnten auch qualifikations- und zugleich familienfreundliche Arbeitszeitmodelle wie Sabbaticals dazu beitragen, den Beschäftigten sowohl Zeiträume für intensive Weiterbildungsmaßnahmen als auch Freiräume für familiäre und private Projekte zu verschaffen."[47]

3.2 Globalisierung und Internationalisierung

Ausgelöst durch u.a. den technologischen Fortschritt, den Wegfall der Handelsbarrieren sowie politische und wirtschaftliche Integrationsneigungen agieren Unternehmen seit den 90er Jahren zunehmend über die Grenzen hinweg.[48] Dadurch entsteht ein globaler Wettbewerb, der aus Unternehmenssicht vor allem den Kosten- und Rationalisierungsdruck verstärkt.[49]

Unternehmen müssen sich auch auf landesspezifische und insbesondere kulturelle Einflussfaktoren einstellen und ihre Unternehmensstrategie, Unternehmensstruktur sowie ihr Human Resource Management international ausrichten.[50] Denn die „Zusammenarbeit von Menschen unterschiedlicher Kulturen wird erschwert, wenn es zu Situationen kommt, in denen sich Kulturen überschneiden. Hier treffen Werte, Emotionen und Verhaltensweisen im Bewusstsein und Unterbewusstsein der Menschen aufeinander."[51] Um die Basis für die Zusammenarbeit sowie Kommunikation dieser verschiedener Kulturen zu schaffen, hat das Human Resource Management die Aufgabe Arbeitnehmer zu rekrutieren, die sich den multikulturel-

---

[44] Vgl. Deller, J. u.a. (2008), S. 9 ff.; Statistisches Bundesamt (2009), S. 12 ff.
[45] Vgl. Deller, J. u.a. (2008), S. 10 ff.; Langheiter, C. (2008), http://www.suite101.de/content/mut-zur-auszeit-a49950, Abruf am 21.9.2011; Priebe, A. (2007), S. 14; Schwartz, T., Loehr, J. (2003). S. 43 ff.
[46] Vgl. Meussen, P., Stehr, S. (2003), S. 6.
[47] Priebe, A. (2007), S. 14.
[48] Vgl. Süß, S. (2004), S. 15.
[49] Vgl. Welge, M. K., Holtbrügge, D. (2006), S. 29.
[50] Vgl. Oechsler, W. A. (2011), S. 102.
[51] Blom, H., Meier, H. (2004), S. 195.

len Gegebenheiten anpassen können bzw. sie mit entsprechenden Maßnahmen auf die Tätigkeit in einem internationalen Umfeld zu rüsten. Dazu gehören Wissen über unterschiedliche Wertmaßstäbe, Vorstellungen und Gewohnheiten verschiedener Kulturen und interkulturelle Kompetenz sowie Sprach-kenntnisse.[52]

Eine weitere Herausforderung durch die Globalisierung stellt die gegenseitige wirtschaftliche Abhängigkeit von Organisationen verschiedener Länder dar. Im Falle einer Wirtschaftskrise würde sich diese schnell und unmittelbar auf andere Länder übertragen.[53] Für solche Rezessionen, ggf. verbunden mit einem Konjunkturrückgang muss das Human Resource Management vorbereitet sein und unterschiedliche personalpolitische Maßnahmen treffen, wie z.B. flexible Arbeitszeitmodelle, Kurzarbeit oder einen möglichst sozial verträglichen Personalabbau.[54]

3.3 Wertewandel

Aufgrund der technischen und wirtschaftlichen Veränderungen, wandeln sich Werte heutzutage schneller als früher.[55] Wertewandel heißt nicht nur, dass neue Werte durch alte ersetzt werden, sondern kann auch die Zu- oder Abnahme der Intensität bestimmter Werte oder eine Verschiebung der Präferenzen von Werten bedeuten.[56] Heute geht es nicht mehr primär um Anerkennung und Image, sondern eher um Werte wie Authentizität, Lebensqualität und Sinnhaftigkeit.[57] „Festzustellen ist zudem eine Werteverschiebung in Form einer zunehmenden Bedeutung der Individualisierung und Selbstentfaltung."[58] In der Gesellschaft steigt der Wunsch nach mehr Zeitsouveränität, einem lebensphasenorientierten Arbeitsplatz, Vereinbarkeit von Privatleben mit Beruf und Karriere, beruflichen Entwicklungsperspektiven, Karriereplanung und fachlicher und persönlicher Weiterbildung.[59] Das Human Resource Management ist auch in diesem Bereich erneut vor Herausforderungen gestellt. Mögliche Lösungsansätze stellt eine flexible Personaleinsatzplanung, z.B. in Form von Teilzeitstellen, Job Sharing und flexiblen Arbeitszeiten dar,[60] „denn die Beschäftigten werden die Attraktivität eines Unternehmens zunehmend auch danach bewerten, inwieweit es sie dabei unterstützt, Privat- und Berufsleben miteinander in Einklang bringen zu können."[61]

---

[52] Vgl. Oechsler, W. A. (2011), S. 104.
[53] Vgl. Oechsler, W. A. (2011), S. 94 f.
[54] Vgl. Gleißner, R. (2009), S. 46.
[55] Vgl. Stitzel, M. (2004), Sp. 1994.
[56] Vgl. Rosenstiel, L. v. (1995), S. 8 f.
[57] Vgl. Langheiter, C. (2008), http://www.suite101.de/content/mut-zur-auszeit-a49950, Abruf am 21.9.2011.
[58] Stitzel, M. (2004), Sp. 1994.
[59] Vgl. Fauth-Herkner, A., Wiebrock, S. (2001b), S. 101; Heitz, A. (1998), S. 30.
[60] Vgl. Deller, J. u.a. (2008), S. 10 ff.
[61] Timmermann, J. (2010), S. 42.

4 Sabbaticals als Teil der Work-Life-Balance

4.1 Definition der Work-Life-Balance und Hintergrundinformationen

Sabbaticals lassen sich als eine Maßnahme der Work-Life-Balance zuordnen. Eine einheitliche Definition von Work-Life-Balance existiert nicht. Innerhalb der wissenschaftlichen Literatur gibt es eine Vielzahl von Umschreibungen und Erläuterungen. Work-Life-Balance bezeichnet die Ausgewogenheit von Arbeits- und Privatleben. Häufig wird das Thema der Vereinbarkeit von Beruf und Familie mit der Work-Life-Balance verbunden, wobei auch Einzelpersonen nicht zu vernachlässigen sind.[62] Das Bundesministerium für Familie, Senioren, Frauen und Jugend beschreibt die Work-Life-Balance als eine Ermöglichung von erfolgreichen Berufsbiografien unter Rücksichtnahme auf private, soziale, kulturelle und gesundheitliche Erfordernisse.[63] „Der Ausgleich zwischen Privatleben/Familie und Beruf zielt insbesondere darauf ab, unterschiedlichen Bedürfnissen in einzelnen Lebensphasen gerecht zu werden. Mit Work-Life-Balance-Maßnahmen soll allen Beschäftigten ermöglicht werden, dass Phasen der Qualifizierung, der Familiengründung, ggf. karitative und ehrenamtliche Tätigkeiten, Auslandsaufenthalte u.a.m. mit einer kontinuierlichen Erwerbsarbeit vereinbar bleiben und sich diese unterschiedlichen Schwerpunktsetzungen von Arbeits- und Lebenszielen nicht wechselseitig ausschließen. Eine intelligente Verzahnung von Arbeits- und Privatleben gewinnt angesichts der Veränderungen in Arbeits- und Lebenswelt für alle Beschäftigtengruppen an Bedeutung."[64] Folgende Zusammensetzung der Work-Life-Balance zeigt, wie die verschiedenen Zeiten ineinander greifen können:

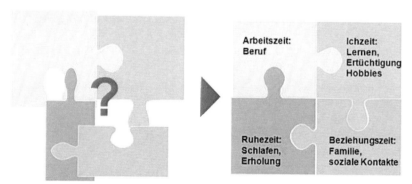

Abbildung 4: Die Bausteine der Work-Life-Balance, entnommen aus: Fopp, L. (o.J.), http://www.continuum.ch/lebensprioritaeten/work-life-balance.html, Abruf am 1.8.2011.

Nach welchen Kriterien jeder einzelne Arbeitnehmer seine Priorisierung bzw. Gewichtung vornimmt, hängt von seiner subjektiven und individuellen Werthaltung ab.

---

[62] Vgl. Michalk, S., Nieder P. (2007), S. 17.
[63] Vgl. Bundesministerium für Familie, Senioren, Frauen und Jugend (2005), S. 4.
[64] Bundesministerium für Familie, Senioren, Frauen und Jugend (2005), S. 12.

4.2 Work-Life-Balance - Maßnahmen

Um den vielseitigen Herausforderungen, die bereits in Kapitel drei ausführlich diskutiert wurden, gerecht zu werden, sind Unternehmen angehalten, Maßnahmen zur Verbesserung der Work-Life-Balance ihrer Mitarbeitenden zu ergreifen. Es existieren jedoch keine allgemeingültigen Regeln. Jedes Unternehmen muss die Work-Life-Balance-Maßnahmen stets auf die Bedürfnisse der Belegschaft sowie den eigenen Bedarf anpassen.[65]

Work-Life-Balance-Maßnahmen können eine Vielzahl von Maßnahmen sein. Um einen groben Überblick zu geben, sind folgend die bekanntesten Instrumente aufgeführt. Da Sabbaticals eine Maßnahme der Arbeitszeitflexibilisierung darstellen, wird auf diesen Teilbereich tiefgreifender eingegangen.

Familienunterstützung

Die Unterstützung von Familien ist für eine gute Work-Life-Balance unabdingbar. Maßnahmen dazu könnten sein: Mutterschaftsurlaub, Vaterschaftsurlaub, Betriebskindergärten, Kinderbetreuung in den Ferien, Stillzimmer, Notfallurlaub, Betreuung von Familienangehörigen usw.[66]

Fitness, Wellness und Ernährung

Fitnessangebote, vergünstigte Wellness-Tage, Gesundheits-Checks oder Ernährungsberatungen sind Maßnahmen, welche die Unternehmung ihren Mitarbeitenden anbieten kann. Im firmeninternen Gymnastikraum kann Aerobic, Rückentraining, Selbstverteidigung oder Yoga angeboten werden. Ein Personalrestaurant kann zudem zur gesunden Ernährung beitragen.[67]

Arbeitszeitmodelle

Unter variablen oder flexiblen Arbeitszeiten wird die Abwandlung bzw. Anpassung der (Normal-)arbeitszeit verstanden.[68] Die Variation unterschiedlicher Gestaltungsformen flexibler Arbeitszeiten ist groß und eine exakte Abgrenzung ist oft nicht möglich. Alle Arten lassen sich aber in ein wesentliches Schema einordnen, denn sie sind entweder hinsichtlich ihrer Dauer, ihrer Lage oder ihrer Verteilung veränderbar.[69] Die Dauer (Chronometrie) meint die vertraglich vereinbarte Arbeitszeit, üblicherweise sind die Arbeitsstunden pro Woche vertraglich festgelegt. Die Lage und Verteilung (Chronologie) der Arbeitszeit legen fest, zu

---

[65] Vgl. Thom, N. u.a. (2009), http://www.goldwynreports.com/?p=208, Abruf am 29.7.2011.
[66] Vgl. Thom, N. u.a. (2009), http://www.goldwynreports.com/?p=208, Abruf am 29.7.2011.
[67] Vgl. Thom, N. u.a. (2009), http://www.goldwynreports.com/?p=208, Abruf am 29.7.2011.
[68] Vgl. Pulte, P., Mensler, S. (1999), S. 2.
[69] Vgl. Hahn, C. M. (2009), S. 42; Linnenkohl, K., Rauschenberg, H.-J. u.a. (1996), S. 18.

welcher Tages- oder Nachtzeit die Arbeitszeit beginnt und endet. Die Arbeitszeit kann dabei pro Tag, Woche oder Jahr variieren oder gleich sein.[70]

Somit zählen auch mitunter eher unflexible Arbeitszeitformen zu den flexiblen Arbeitszeitmodellen, wie z.B. Gleitzeitregelungen, Teilzeitarbeit, Mehrarbeit, Wochenendarbeit und besonders Schichtarbeit. Die zu leistende Arbeitszeit weicht zwar von der Normalarbeitszeit ab, ist aber verhältnismäßig zu anderen Arbeitszeitmodellen, wie z.B. Vertrauensarbeitszeit starr.[71]

Flexible Arbeitszeitregelungen haben allerdings erst Aussicht auf Erfolg, wenn sie den jeweiligen betrieblichen Bedarfen, Wünschen und Interessen der Arbeitnehmer entsprechen. Da jedes Unternehmen seine eigenen Abläufe, Zielsetzungen und Interessen hat, kann es somit kein einheitliches Konzept für die Arbeitszeitgestaltung geben. Für jedes Unternehmen gilt es, individuelle Lösungen zu erarbeiten. Basierend auf den rechtlichen Rahmenbedingungen können aus verschiedenen Grundformen und Bau-steinen wettbewerbs- und arbeitnehmerorientierte Arbeitszeitmodelle entwickelt werden.[72]

Es existiert eine Vielzahl von Arbeitszeitmodellen. Mit ihrer Hilfe kann die Normalarbeitszeit der Beschäftigten hinsichtlich ihrer Dauer, ihrer Lage oder ihrer Verteilung abgeändert bzw. angepasst werden.[73] Flexible Arbeitszeitmodelle versuchen gleichzeitig auf die Bedürfnisse der Unternehmen und der Beschäftigten einzugehen. Jedes Arbeitszeitmodell bietet aber doch eher Vorteile für eine der beiden Parteien.[74] Die am meisten verbreiteten Arbeitszeitmodelle sollen im Folgenden kurz erläutert werden. Das Arbeitszeitmodell Sabbatical wird hier nicht erneut aufgelistet. Für einen ganzheitlichen Überblick über weitere Arbeitszeitmodelle kann weitere Literatur empfohlen werden.[75]

Gleitzeit

Die Gleitzeit zeichnet sich durch eine festgelegte Kernzeit aus, für die eine allgemeine Anwesenheitspflicht gilt, während Beginn und Ende der täglichen Arbeitszeit von den Beschäftigten frei gewählt werden können.[76] Arbeitnehmer erhalten hier ein höheres Maß an Zeitsouveränität.[77]

---

[70] Vgl. Institut der deutschen Wirtschaft Köln (2003b), http://www.flexible-arbeitszeiten.de/Kompakt/Modelle/-Modelle1.htm#WassindAZF, Abruf am 13.7.2011; Wehrhahn, B. u.a. (2001), S. 38 ff.
[71] Vgl. Institut der deutschen Wirtschaft Köln (2003b), http://www.flexible-arbeitszeiten.de/Kompakt/Modelle/Modelle1.htm#WassindAZF, Abruf am 13.7.2011.
[72] Vgl. Zeitbüro NRW (2009), S. 5 ff.
[73] Hahn, C. M. (2009), S. 42; Linnenkohl, K., Rauschenberg, H.-J. u.a. (1996), S. 18; Pulte, P., Mensler, S. (1999), S. 2.
[74] Vgl. Thom, N. u.a. (2009), http://www.goldwynreports.com/?p=208, Abruf am 29.7.2011.
[75] Fauth-Herkner, A., Wiebrock, S. (2001a), S. 5 ff.; Oechsler, W. A. (2011), S. 243 ff.
[76] Vgl. Gutmann, J., Hüsgen, J. (2005), S. 22 ff.; Zeitbüro NRW (2009), S. 5 ff.
[77] Vgl. Hamm, I. (2001), S. 99.

Schichtarbeit

Kennzeichnend für die Schichtarbeit wird die Aufteilung der betrieblichen Arbeitszeit in mehrere Zeitabschnitte mit versetzten Anfangszeiten bzw. unterschiedlicher Lage sowie in bestimmten Fällen auch unterschiedlicher Dauer verstanden (Tages-, Nacht-, Früh- oder Spätschicht).[78]

Teilzeit

Teilzeit ist eine Arbeitszeitverkürzung.[79] Die Verteilung der Arbeitszeit kann sehr flexibel gestaltet werden, z.B. als Viertagewoche. Das Recht der Arbeitnehmer auf Teilzeitarbeit ist im Teilzeit- und Befristungsgesetz verankert.[80] Der Vorteil der Teilzeit, insbesondere bei täglichen Arbeitszeiten unter der Normalarbeitszeit, besteht für Unternehmen in einer höheren Produktivität und geringeren Fehlzeiten sowie Arbeitsunfällen der Arbeitnehmer.[81] Eine spezielle Form der Teilzeit ist die Altersteilzeit. Sie ermöglicht den gleitenden und frühzeitigen Übergang in den Ruhestand.[82]

Mehrarbeit

Die Überschreitung der gesetzlich festgelegten Regelarbeitszeit von 48 Stunden wöchentlich wird auch als Mehrarbeit bezeichnet. Nach § 16 Abs. 2 des Arbeitszeit-gesetzes müssen zusätzliche Stunden innerhalb eines bestimmten Zeitraumes ausgeglichen werden, um die tägliche Arbeitszeit von acht Stunden im Durchschnitt zu erreichen.[83] Für Unternehmen bietet Mehrarbeit eine Möglichkeit betriebliche Auftragsspitzen oder den Mangel an qualifiziertem Personal zu bewältigen.[84]

Job-Sharing

Job-Sharing ist ein aus den Vereinigten Staaten stammendes Teilzeitmodell, das im Deutschen auch *Arbeitsplatzteilung* genannt wird. Bei diesem Arbeitszeitmodell teilen sich zwei oder mehrere Personen einen oder mehrere Arbeitsplätze. Die Job-Sharer bestimmen dabei die Lage und Verteilung der individuellen Arbeitszeit in gegenseitiger Absprache. Bei diesem Modell ist angedacht, dass sich Job-Sharer bei Urlaub und Krankheit gegenseitig vertreten. Für den Arbeitgeber soll diese Arbeitszeitform der Abdeckung von längeren Betriebs- oder Öffnungszeiten dienen.[85]

---

[78] Vgl. Bundesagentur für Arbeit (2007), S. 13; Deller, C. (2004), S. 18.
[79] Vgl. Pulte, P., Mensler, S. (1999), S. 10.
[80] Vgl. Zeitbüro NRW (2009), S. 5 ff.
[81] Vgl. Hamm, I. (2001), S. 122.
[82] Vgl. Zeitbüro NRW (2009), S. 5 ff.
[83] Vgl. Gutmann, J., Hüsgen, J. (2005), S. 35 f.; Zeitbüro NRW (2009), S. 5 ff.
[84] Vgl. Hamm, I. (2001), S. 107.
[85] Vgl. Deller, C. (2004), S. 32 f.; Gutmann, J., Hüsgen, J. (2005), S. 37 ff.; Hamm, I. (2001), S. 149 f.; Pulte, P., Mensler, S. (1999), S. 3; Zeitbüro NRW (2009), S. 5 ff.

Kapazitätsorientierte variable Arbeitszeit (Kapovaz)

Auch unter dem Namen *Abrufbereitschaft* bekannt, ist diese Form der flexiblen Arbeitszeitgestaltung eine mit dem schlechtesten Ruf. Die Arbeitszeiten der Beschäftigten richten sich nach dem Arbeitsanfall. Die Zeitsouveränität liegt auch bei diesem Modell vollständig beim Arbeitgeber.[86]

Vertrauensarbeitszeit

Kennzeichnend für die Vertrauensarbeitszeit sind das selbstständige Management der eigenen Arbeitszeit der Beschäftigten sowie die damit verbundene ergebnisorientierte Arbeitsweise. Einerseits erfahren die Mitarbeiter so ein hohes Maß an Zeitsouveränität, andererseits besteht die Gefahr, dass die Mitarbeiter sich zu stark verpflichtet fühlen und sich überlasten.[87]
Unangefochten ist die Teilzeit das bevorzugte Arbeitszeitmodell, welches Unternehmen ihren Beschäftigten anbieten. Die Entwicklung zeigt aber den Trend einer zunehmenden Beliebtheit von Sabbaticals. Folgende Abbildung des Bundesministerium für Familie, Senioren, Frauen und Jugend zeigt die Entwicklung des Angebots seitens der Unternehmen von verschiedenen Arbeitszeitmodellen über die Jahre von 2003 über 2006 bis hin zu 2009.

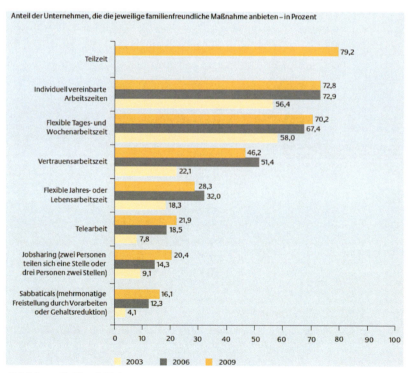

Abbildung 5: Flexibilisierung der Arbeitszeit und des Arbeitsortes, entnommen aus: Bundesministerium für Familie, Senioren, Frauen und Jugend (2005), S. 13.

---

[86] Vgl. Deller, C. (2004), S. 17; Gutmann, J., Hüsgen, J. (2005), S. 45 f.; Hamm, I. (2001), S. 152 f.; Pulte, P., Mensler, S. (1999), S. 5.
[87] Vgl. Gutmann, J., Hüsgen, J. (2005), S. 49 ff.; Hamm, I. (2001), S. 212 ff.; Zeitbüro NRW (2009), S. 5 ff.

4.3 Aktualität

Eine Kienbaum-Studie aus dem Jahr 2007 veröffentlichte zu dem Maßnahmenbündel der Work-Life-Balance interessante Ergebnisse. Insgesamt wurden im Juli 2007 1.200 Personalverantwortliche in Unternehmen in Deutschland befragt. Die Rücklaufquote dieser Befragung lag bei 21,92 Prozent. Bei der Befragung wurde u.a. nach der Bewertung der wichtigsten Work-Life-Balance-Maßnahmen gefragt.[88] Das Resultat sah wie folgt aus:

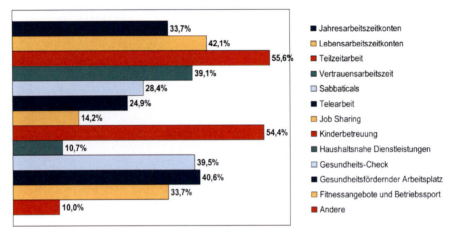

Abbildung 6: Die wichtigsten Work-Life-Balance-Maßnahmen, entnommen aus: Kienbaum (2007), S. 5.

Des Weiteren wurde die Frage gestellt, welche Work-Life-Balance-Maßnahmen bereits im Unternehmen implementiert wurden.

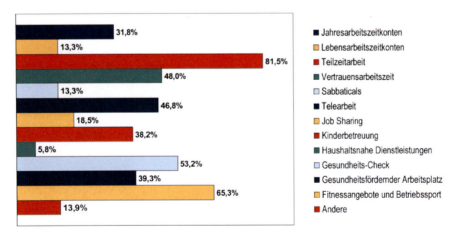

Abbildung 7: Eingeführte Work-Life-Balance-Maßnahmen, entnommen aus: Kienbaum (2007), S. 6.

---

[88] Vgl. Kienbaum (2007), S. 5.

Im direkten Vergleich ergibt sich folgende Darstellung:

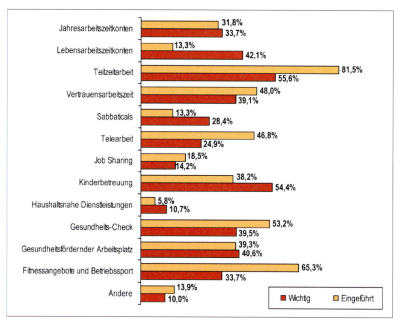

Abbildung 8: Die wahrgenommene Wichtigkeit im Vergleich zur Einführung von Work-Life-Balance-Maßnahmen, entnommen aus: Kienbaum (2007), S. 7.

Daraus ergeben sich folgende Diskrepanzen:

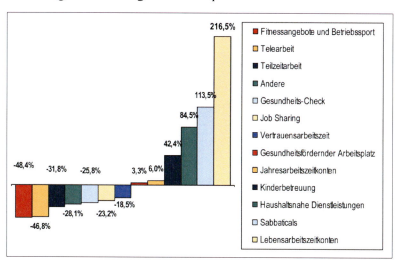

Abbildung 9: Diskrepanz zwischen Wichtigkeit und Einführung, entnommen aus: Kienbaum (2007), S. 7.

Im Fall einer negativen Diskrepanz ist die Einführungsrate höher als die wahrgenommene Wichtigkeit, bei einer positiven Diskrepanz ist die gewertete Wichtigkeit höher als die Einführung.[89]

---

[89] Vgl. Kienbaum (2007), S. 4.

In Bezug auf Sabbaticals ist zu erkennen, dass dem Thema eine mittelmäßig hohe Wichtigkeit zugesprochen wird. Im Gegensatz dazu wurden Sabbaticals aber in nur wenigen Unternehmen eingeführt. Kienbaum nennt als hemmende Faktoren die Organisationsstruktur oder die Startinvestition.[90]

Eine jüngere Studie des CRF Institute aus 2011 zeigt die Top Ten der Zusatzleistungen (über die gesetzlichen Regelungen hinaus) in deutschen Unternehmen. Insgesamt zeigt die Studie Ergebnisse von 101 Unternehmen:[91]

1. Zuschuss zu Verpflegungskosten oder bezuschusste Kantine (76%)

2. Fitnessangebote oder Zulagen für Fitnesskurse (73%)

3. Medizinische Versorgung/Unterstützung (65%)

4. Studienzuschuss/-Unterstützung (58%)

5. Sabbatical bzw. genehmigter erweiterter Urlaub (54%)

6. Kfz-/Reisezulagen (51%)

7. Erweiterter Erziehungsurlaub (50%)

8. Studienurlaub (48%)

9. Kinderbetreuung /-zulagen (46%)

10. Home Services am Arbeitsplatz (21%)

Im Vergleich dazu gestalten sich die Top Five der europaweit am häufigsten angebotenen Zusatzleistungen von 340 Top Arbeitgeber-Unternehmen aus neun verschiedenen Ländern folgendermaßen:[92]

1. Medizinische Versorgung/Unterstützung

2. Sabbatical

3. Zuschuss zu Verpflegungskosten oder bezuschusste Kantine

4. Studien-/Weiterbildungsurlaub

5. Reisezuschuss oder Kfz-Zulagen

Werden beide Studien gegenübergestellt, so ist erkennbar, dass einerseits in 2007 Sabbaticals noch auf Platz elf von verschiedenen angebotenen Maßnahmen lagen, auf Platz neun, wenn es um die Einschätzung der Wichtigkeit geht. Andererseits liegen Sabbaticals in 2011 deutschlandweit bereits auf Platz fünf der am häufigsten angebotenen Zusatzleistungen und europaweit sogar auf Platz zwei. Es ist also ein steigender Trend von Sabbaticals erkennbar.

---

[90] Vgl. Kienbaum (2007), S. 4.
[91] Vgl. CRF Institute (2011), S. 1.
[92] Vgl. CRF Institute (2011), S. 2.

5 Ziele, Chancen und Risiken von Sabbaticals

5.1 Absichten

Die Relevanz einzelner Ziele für Unternehmen hängt von den jeweiligen Zielsetzungen (z.B. Wachstum, Rentabilität, Liquidität, Gewinnmaximierung) ab, die sich aus der Unternehmensvision herleiten.[93]

Grundsätzlich lassen sich Ziele in ökonomische (auch wirtschaftliche, monetäre, quantitative) und nicht-ökonomische (auch soziale, gesellschaftliche, psychografische, qualitative, nicht-monetäre) Ziele einordnen. Oft wird jedoch den ökonomischen Zielen mehr Gewicht beigemessen als den nicht-ökonomischen Zielen, doch auf langfristige Sicht führt die Erreichung nicht-ökonomischer Ziele zur Realisation von wirtschaftlichen Zielen und somit letztlich zu einer Steigerung des Unternehmenserfolgs.[94] Die folgende Kausalkette soll diese These exemplarisch verdeutlichen: Durch die Verwirklichung des nicht-ökonomischen Ziels der Verbesserung der Mitarbeiterzufriedenheit, werden die Mitarbeiter stärker an das Unternehmen gebunden, sodass sich die Fluktuationsrate und somit auch die Fluktuationskosten senken lassen. Auch Sabbaticals tragen indirekt zur Erreichung ökonomischer Ziele von Unternehmen bei.[95]

„Eine Balance zwischen Arbeits- und Privatleben ist eine wesentliche Voraussetzung, um die Einsatzbereitschaft, Loyalität und Motivation der Arbeitskräfte dauerhaft zu erhalten. Von dem Engagement und damit zusammenhängend von dem Vertrauen der [...] Mitarbeiter in den Arbeitgeber hängt die Nutzung ihrer Potenziale – und damit der Unternehmenserfolg – in entscheidender Weise ab."[96]

Im Folgenden werden nun die drei wichtigsten nicht-ökonomischen Ziele von Sabbaticals, Arbeitsmotivation, Arbeitszufriedenheit und Commitment, aufgezeigt.

5.1.1 Arbeitsmotivation

Arbeitsmotivation entsteht zum einen aus der Person heraus, durch deren Motive und Ziele, und zum anderen aus der Situation heraus.[97]

---

[93] Vgl. Freyer, W. (2007), S. 351.
[94] Vgl. Freyer, W. (2007), S. 351.
[95] Nicht allein Sabbaticals sind für die Erreichung von ökonomischen und nicht-ökonomischen Zielen verantwortlich, vielmehr spielt das Gesamtpaket positiver Anreize und ihre Einbindung in die Unternehmenskultur eine Rolle.
[96] Bundesministerium für Familie, Senioren, Frauen und Jugend (2005), S. 14.
[97] Vgl. Kleinbeck, U. (1996), S. 18.

Da Menschen unterschiedliche Handlungsziele verfolgen und diese vielfältige Ausprägungen annehmen können, werden die Handlungsziele nach Themen zusammengefasst, z.B. Leistungsmotive, Machtmotive, Aggressionsmotive oder Affiliationsmotive. Motive haben somit für einzelne Menschen charakteristische Ausprägungen.[98]

Das Verhalten von Menschen ist aber auch durch bestimmte Situationen geprägt. Solche Situationen werden als Anreize bezeichnet und können Motive beeinflussen. Anreize können sowohl positiv als auch negativ sein.[99]

Der Grad an Intensität und Ausdauer, mit der ein Ziel verfolgt wird, wird stark von den Handlungsalternativen sowie der subjektiv eingeschätzten Wahrscheinlichkeit der Zielerreichung beeinflusst. So werden Kräfte in jene angestrebte Verhaltensweisen investiert, die subjektiv als geeignete Mittel der Realisierung attraktiver und mit hoher Wahrscheinlichkeit erreichbarer Ziele erachtet werden.[100]

Zusätzlich wird zwischen extrinsischer und intrinsischer Motivation unterschieden. Extrinsisch motiviert ist jemand, der aufgrund von äußeren Anreizen handelt, z.B. für eine Gehaltserhöhung. Jemand, der gerne arbeitet, weil ihn die Aufgabe interessiert und weil es ihm Spaß macht, ist intrinsisch motiviert. Seine Motivation kommt von innen heraus, hält somit länger an als die extrinsische Motivation und erzeugt eine langfristige Zufriedenheit.[101]

Quantität und Qualität der Leistungsergebnisse von Mitarbeitern bestehen demnach einerseits aus deren Fähigkeiten und Fertigkeiten und andererseits aus der Bereitschaft (Motivation) der Arbeitnehmer diese produktiv und zielorientiert einzusetzen.[102]

Eine gesteigerte Arbeitsmotivation von Arbeitnehmern löst folgende positive Effekte aus:[103]

- Steigerung der Produktivität der Arbeitnehmer,
- Erhaltung der Gesundheit und somit Senkung der Fehlzeitenquote,
- Stärkung der Bindung der Arbeitnehmer und Verringerung deren Fluktuationsbereitschaft,
- Steigerung des Sicherheitsbewusstsein und der Zuverlässigkeit bei der Arbeit,
- Erhöhung der Arbeitszufriedenheit.

---

[98] Vgl. Nerdinger, F. W., Blickle, G., Schaper, N. (2011), S. 394.
[99] Vgl. Nerdinger, F. W., Blickle, G., Schaper, N. (2011), S. 394.
[100] Vgl. Kleinbeck, U. (1996), S. 16 ff.
[101] Vgl. Nerdinger, F. W. (2003), S. 22.
[102] Vgl. Kleinbeck, U. (1996), S. 14.
[103] Vgl. Kleinbeck, U. (1996), S. 79.

Die Arbeitszeit selbst stellt noch kein verhaltensauslösendes Motiv dar. Mit der Arbeitszeitgestaltung aber kann eine Motivationssteigerung einhergehen, wenn durch ihren Rahmen eine bessere Bedürfnisbefriedigung ermöglicht wird.[104]

5.1.2 Arbeitszufriedenheit

Arbeitszufriedenheit und Arbeitsmotivation können nicht klar voneinander abgegrenzt werden. Erreicht der Arbeitnehmer gesetzte Ziele im Rahmen seiner Arbeitstätigkeit, stellt sich Arbeitszufriedenheit ein.[105]

Durch Herzberg konnten wichtige Erkenntnisse für die Arbeitszufriedenheitsforschung herausgefunden werden. Seine Zweifaktorentheorie besteht aus Hygienefaktoren (Verdienst, soziale Beziehungen, Arbeitsplatzsicherheit, physische Arbeitsbedingungen, Betriebspolitik, soziale Leistungen) und Motivationsfaktoren (Anerkennung, Verantwortung, Leistungserfolg, Vorwärtskommen). Unzureichende Ausprägungen der Hygienefaktoren führen zu Arbeitsunzufriedenheit, während positive Ausprägungen nicht zu Arbeitszufriedenheit führen, sondern lediglich Arbeitsunzufriedenheit verhindert. Motivationsfaktoren erzeugen bei günstigen Ausprägungen jedoch Motivation und Arbeitszufriedenheit.[106]

Aber auch die Arbeitszeitflexibilisierung hat Auswirkungen auf die Arbeitszufriedenheit.[107] Ein Zusammenhang zwischen Zufriedenheit und Leistung kann nicht bestätigt werden.[108]

5.1.3 Commitment

Commitment beschreibt eine starke Identifikation und emotionale Verbundenheit des Arbeitnehmers mit der Organisation sowie seine Bereitschaft, sich für die Organisation zu engagieren.[109]

Einen starken Einfluss auf das Commitment hat das subjektive Gerechtigkeitsempfinden eines Arbeitnehmers. Laut der *Equity-Theorie* setzt der Arbeitnehmer die eigenen Leistungen in Relation zu Beiträgen seiner Kollegen in derselben Arbeitssituation.[110] Ist die wahrgenommene Austauschbeziehung für den Arbeitnehmer ungerecht, so versucht er diese durch seine eigenen Einsätze entweder mittels kognitiver Umbewertung oder durch das eigene Verhalten

---

[104] Vgl. Bretag, M. (2007), S. 106 f.
[105] Vgl. Kleinbeck, U. (1996), S. 94.
[106] Vgl. Nerdinger, F. W., Blickle, G., Schaper, N. (2011), S. 585.
[107] Vgl. Bretag, M. (2007), S. 107; Rosenstiel, L v. (2007), S. 448.
[108] Vgl. Kleinbeck, U. (1996), S. 94.
[109] Vgl. Jaeger, S. (2006), S. 49 f.; Rosenstiel, L v. (2007), S. 431.
[110] Vgl. Rosenstiel, L v. (2007), S. 418.

anzupassen.[111] Empfindet er die Austauschbeziehung hin-gegen als für sich vorteilhaft, so neigt er dazu, diesen Zustand weiterhin aufrecht zu erhalten. Motivation und Zufriedenheit der Arbeitnehmer bleiben dem Unternehmen so erhalten.[112]

Positive Folgen eines hohen Commitments sind:[113]

- Steigerung der berufliche Leistung,
- Senkung der Fluktuationskosten,
- Erhöhung der Arbeitsmotivation und
- Erhöhung der Arbeitszufriedenheit.

Das Angebot flexibler Arbeitszeitmodelle stellt für den Arbeitnehmer eine zusätzliche Leistung dar. Fasst der Mitarbeiter dies als Belohnung auf, so gleicht er diesen Zustand durch die Erhöhung seines Commitments und einem daraus folgenden längeren Verbleib im Unternehmen aus.[114] Dieser Aspekt, insbesondere die bessere Vereinbarkeit von Beruf und Privatleben, u.a. durch Sabbaticals, wird in der Zukunft an Bedeutung für das Commitment gegenüber Unternehmen gewinnen.[115]

5.2 Vor- und Nachteile

5.2.1 Gesundheitsmanagement

Durch das unternehmensseitige Angebot von Sabbaticals entsteht eine Reihe von Vorteilen, aber auch Nachteile für Unternehmen.[116] Zunächst ist festzuhalten, dass Sabbaticals Auswirkungen auf Unternehmen in vielfältiger Hinsicht haben. Durch die Möglichkeit, ein Sabbatical in Anspruch zu nehmen, erhöht sich die Arbeitsmotivation und Bereitschaft zu Mehrarbeit, da als Gegenleistung eine langfristige Freizeit mit eigener Verfügung angestrebt wird, in der die Arbeitnehmer ihre individuellen Freizeitwünsche verwirklichen können. Beschäftigte profitieren so von einer höheren Zeitsouveränität und erreichen so mehr Lebensqualität.[117] Neben der Einsatzbereitschaft verbessern sich auch die Arbeitszufriedenheit und indirekt das Betriebsklima.[118] Es gilt die vielfältigen Belastungen am Arbeitsplatz zu vermindern, denn sie können verschiedene Konflikte sowie physische (Magenprobleme, Kopfschmerzen) und

---

[111] Vgl. Brinkmann, R. D., Stapf K. H. (2005), S. 22; Richter, G. (2003), S. 56 ff.
[112] Vgl. Kolb, M. (2008), S. 139.
[113] Vgl. Gallup (2010), http://eu.gallup.com/Berlin/118645/Gallup-Engagement-Index.aspx, Abruf am 11.12.2011.
[114] Vgl. Kleinbeck, U. (1996), S. 86.
[115] Vgl. Jaeger, S. (2006), S. 51.
[116] Vgl. Thom, N. u.a. (2009), http://www.goldwynreports.com/?p=208, Abruf am 29.7.2011.
[117] Vgl. Hoff, A. (2009), S. 10 f.; Zeitbüro NRW (2009), S. 5 ff.
[118] Vgl. Thormann, H. (2007), http://www.kreativesdenken.com/artikel/learning-sabbaticals-ausstieg-auf-zeit.html, Abruf am 23.8.2011.

psychische Probleme (Burnout, Depressionen) auslösen. Bei dauerhaften Belastungen reagiert der Körper mit Stillstand. Er ist kraftlos, das Immunsystem geschwächt, was sich durch eine erhöhte Krankheitsanfälligkeit zeigt. Die Belastungen wirken sich auch auf das Verhalten des Menschen aus. Ungesundes Essen, zu wenig Bewegung und Schlaf und zu viel Alkohol sind das Ergebnis. Die Auswirkungen auf die Arbeit variieren zwischen unmerklich bis erheblich bis hin zur Arbeitsunfähigkeit. Daraus resultieren wiederum vermehrte Fehlzeiten und eine hohe Fluktuation mit beachtlichem Aufwand und zusätzlichen Kosten für die Wiederbesetzung der Erkrankten. Das Unternehmensimage verschlechtert sich merklich.[119] Durch entsprechende Maßnahmen, wie z.B. die Inanspruchnahme von Sabbaticals, können Arbeitsbelastungen gemildert und Burnouts oder inneren Kündigungen vorgebeugt werden. So nehmen durch Stress ausgelöste Krankheiten und Fehlzeiten ab, die Fluktuationsquote wird auf einem niedrigen Stand gehalten. So sind auch die Wiederbeschaffungskosten kleiner und der Aufwand für die Rekrutierung und Einarbeitung neuer Arbeitnehmer entfällt. Die Zufriedenheit, Gesundheit, Motivation und Produktivität der bereits im Unternehmen tätigen Mitarbeiter kann gesteigert werden.[120]

5.2.2 Personalmarketing

Sabbaticals können im weiteren Sinne zum externen und internen Personalmarketing beitragen. Es versteht sich, dass Sabbaticals nicht ausschließlich als Personalmarketingstrategie fungieren können und weitere andere Instrumente nötig sind. Das externe Personalmarketing richtet sich aus Unternehmenssicht nach außen und bezieht sich im Wesentlichen auf das Arbeitgeberimage. Das Unternehmen sollte als möglichst attraktiver, unverwechselbarer und glaubwürdiger Arbeitgeber auftreten.[121] Ein guter Ruf macht die Gewinnung potentieller Mitarbeiter einfacher. Unternehmen, die aktiv mit der Möglichkeit von Sabbaticals werben, können an Attraktivität gewinnen und sich gegenüber ihren Konkurrenten abheben.[122]

Intern geht es darum, eine „harmonische Ausbalancierung zwischen Unternehmensanforderungen und Mitarbeiterinteressen"[123] herbeizuführen und die derzeitig beschäftigten und qualifizierten Mitarbeiter durch diverse positive Anreize an das Unternehmen zu binden

---

[119] Vgl. Thom, N. u.a. (2009), http://www.goldwynreports.com/?p=208, Abruf am 29.7.2011.
[120] Vgl. Thormann, H. (2007), http://www.kreativesdenken.com/artikel/learning-sabbaticals-ausstieg-auf-zeit.html, Abruf am 23.8.2011.
[121] Vgl. DEBA (2009), S. 10, 11, 32.
[122] Vgl. Rieder, P. (2011), http://www.arbeitswelten.at/neue-arbeitswelten/sabbaticals/, Abruf am 22.5.2011; Thom, N. u.a. (2009), http://www.goldwynreports.com/?p=208, Abruf am 29.7.2011; Thormann, H. (2007), http://www.kreativesdenken.com/artikel/learning-sabbaticals-ausstieg-auf-zeit.html, Abruf am 23.8.2011.
[123] Fröhlich, W. (2004), S. 42.

(Retention) und weiterzuentwickeln (Development). Das wichtigste Kriterium ist dabei die Identifikation mit dem Arbeitgeber und das damit verbundene Commitment sowie die daraus resultierende Zufriedenheit der Mitarbeiter.[124]

5.2.3 Personalentwicklung

„Die Personalentwicklung umfasst alle Maßnahmen zur Erhaltung und Verbesserung der Qualifikation von Mitarbeitern."[125] Entspricht die Qualifikation des Mitarbeiters nicht den Anforderungen des Arbeitsplatzes, kommt die Personalentwicklung zum Einsatz. Auch durch technologische oder strukturelle Veränderungen sind Anpassungen durchzuführen. Dazu zählen Schlüsselqualifikationen, also Kenntnisse, Fertigkeiten, Einstellungen usw., die für die Erreichung der unternehmensstrategischen Ziele erforderlich sind.[126]

Auch Sabbaticals können für Weiterbildungen genutzt werden.[127] Dadurch profitieren Unternehmen von mehr Know-how bzw. verbesserten Qualifikationen, die der Sabbaticalteilnehmer während seiner Abwesenheit erworben hat. Dabei spart sich das Unternehmen die Personalentwicklungskosten.[128]

Nicht zuletzt profitiert das Unternehmen auch von Mitarbeitern, die das Sabbatical zum Reisen nutzen. Dazu gehören nicht nur der Umgang mit fremden Kulturen und Mentalitäten und motivierender Spracherwerb, sondern auch die Haltung eines Arbeitnehmers, gegenüber Neuem neugierig, aufgeschlossen und tolerant zu sein, um sich selber weiterzuentwickeln. Diese Erkenntnis kann dann im Anschluss für die Zusammenarbeit mit ausländischen Partnern oder Lieferanten wertvoll sein.[129]

Neben der Verfolgung persönlicher Interessen wird das Sabbatical von Arbeitnehmern insbesondere auch dazu genutzt, berufliche Qualifizierungsziele zu verwirklichen. Da es nebenberuflich aus zeitlichen und motivationalen Gründen oft schwierig ist, sich intensiv dem Studium von Fachbüchern zu widmen oder an mehrtägigen Qualifizierungsmaßnahmen teilzunehmen, wird insbesondere ein Sabbatical auch dazu genutzt, sich weiterzubilden ohne gleichzeitig Höchstleistungen im Unternehmen erbringen zu müssen.[130]

---

[124] Vgl. Stotz, W., Wedel, A. (2009), S. 34; Zacheo, D. (2008), S. 11.
[125] Olfert, K. (2003). S. 447.
[126] Vgl. Fröhlich, W. (1987), S. 21 f.
[127] Vgl. Arbeit NRW (o.J.c), http://www.arbeit.nrw.de/pdf/arbeit/az_grundformen_arbeitszeitgestaltung-14_langzeitkonto.pdf, Abruf am 20.06.2011.
[128] Vgl. Wey, M. (2008), S. 26; Zacheo, D. (2008), S. 11.
[129] Vgl. Wey, M. (2008), S. 26; Zacheo, D. (2008), S. 11.
[130] Vgl. Institut der deutschen Wirtschaft Köln (2003a), http://www.flexible-arbeitszeiten.de/Kompakt/Modelle/sabbatical1.htm, Abruf am 30.8.2011.

Aus einem anderen Blickwinkel betrachtet, kann ein Sabbatical als weitere Chance im Bereich der Personalentwicklung gesehen werden. Wird die frei werdende Stelle von einem oder mehreren internen Mitarbeitern besetzt, gewinnt bzw. gewinnen diese neues Wissen. Alternativ kann die frei werdende Position durch Nachwuchs-Führungskräfte besetzt werden.[131] Festzuhalten ist aber nach Aussage der Studie von Priebe, dass die Arbeitnehmer, die ein Sabbatical in Anspruch nehmen meist bereits aus den Reihen der qualifizierten Arbeitnehmer stammen und dass aus Unternehmenssicht nicht von einer gezielten und geplanten Personalentwicklung gesprochen werden kann.[132] „Schon aufgrund ihrer derzeit noch geringen Verbreitung spielen Sabbaticalmodelle unter dem Aspekt der Personalentwicklung keine große Rolle."[133]

5.2.4 Ressourcenmanagement

Unternehmen können sich Sabbaticals bei Auftragsschwankungen und schlechter Konjunktur zu Nutze machen, indem sie ihren Mitarbeitern ein Sabbatical anbieten, um Überkapazitäten abzubauen und konjunkturelle oder saisonale Schwankungen zu überbrücken. So können Leerläufe und Überstunden sichtlich gesenkt werden.[134] Anders als bei dem in dieser Arbeit vorgestellten Sabbaticalmodell ist hier, dass nicht mehr der Arbeitnehmer über den Zeitraum bestimmt, sondern der Arbeitgeber. Doch auch hier bleibt der Grundsatz der Freiwilligkeit bestehen.[135] Als Entschädigung beteiligt sich der Arbeitgeber an der Finanzierung des Sabbaticals, indem er trotz Absenz des Mitarbeiters Teile des Gehaltes sowie anteilige Sozialversicherungsbeiträge weiterbezahlt, meist zwischen 20 und 50 Prozent des bisherigen monatlichen Bruttogehaltes.[136]

In der Praxis bieten z.B. Infracor, Lufthansa und Siemens ihren Beschäftigten ein solches Sabbatical an. 2002 nahmen bei der Lufthansa 442 Beschäftigte eine konjunkturelle Auszeit in Anspruch, allerdings ohne Entgeltfortzahlung.[137]

Unternehmen können so einerseits drastische Maßnahmen, wie betriebsbedingte Kündigungen, vermeiden und dennoch die Personalkosten senken. Andererseits haben sie die Möglich-

---

[131] Vgl. Fauth-Herkner, A., Wiebrock, S. (2001c), S. 162.
[132] Vgl. Priebe, A. (2007), S. 88.
[133] Priebe, A. (2007), S. 88.
[134] Vgl. Institut der deutschen Wirtschaft Köln (2003a), http://www.flexible-arbeitszeiten.de/Kompakt/Modelle/-sabbatical1.htm, Abruf am 30.8.2011; Jäger, E. (2009), S. 93; Priebe, A. (2007), S. 88.
[135] Vgl. Fauth-Herkner, A., Wiebrock, S. (2001c), S. 154.
[136] Vgl. Institut der deutschen Wirtschaft Köln (2003a), http://www.flexible-arbeitszeiten.de/Kompakt/Modelle/sabbatical1.htm, Abruf am 30.8.2011.
[137] Vgl. Gehrmann, W. (2003), http://www.zeit.de/2003/16/Arbeitszeit_neu, Abruf am 9.10.2011.

keit bei einem sich abzeichnenden Aufschwung auf gut ausgebildete und bereits eingearbeitete Mitarbeiter zurückzugreifen und so Neurekrutierungskosten vermeiden. Daneben hat der Arbeitgeber auch weiterhin den Vorteil, dass die Mitarbeiter, gut erholt und/oder weiterqualifiziert an ihren Arbeitsplatz wiederkehren.[138]

Das Modell lässt sich rasch umsetzen. Während auf gewöhnlichem Wege bei Entlassungen Kündigungsfristen zu beachten sind und bei der Rekrutierung ebenfalls ein gewisser Zeitraum verstreicht, können Sabbaticals flexibel an die Situation angepasst werden.[139]

Trotzdem äußern Unternehmen häufig Bedenken gegenüber Sabbaticals, denn während der Freistellungsphase kann es zu Problemen durch die Abwesenheit des Beschäftigten kommen.[140] Eine externe Besetzung verursacht nicht nur Einarbeitungskosten, sondern auch Rekrutierungskosten. Bei einer internen Besetzung fallen zwar ebenfalls Einarbeitungskosten an, die Person gewinnt aber zusätzliches neues Wissen.[141] Hinter einer personellen Veränderung verbirgt sich auch immer eine Chance *frischen Wind* zu bekommen.[142] Die Meinungen über eine problemlose Rückkehr des Sabbaticalteilnehmers sind ebenfalls umstritten.[143]

5.2.5 Arbeitszeitmanagement

Weitere Vor- und Nachteile ergeben sich durch die Nutzung von Langzeitkonten. Einerseits verfügen Unternehmen über eine höhere Flexibilität, sodass sich an Kunden-wünschen und Auftragsschwankungen gerichtet werden kann. Andererseits sind die Kosten für die Einführung und Administration von Langzeitkonten hoch und es müssen komplexe Rahmenbedingungen, wie z.B. Insolvenzsicherung, Bilanzierung, Arbeits- und Tarifrecht sowie Steuer- und Sozialversicherungsrecht beachtet werden, wodurch auch mehr Lohnnebenkosten entstehen.[144] Außerdem besteht die Gefahr, dass der Aufbau des Langzeitkontos durch unnötige oder weniger produktive Mehrarbeit erfolgt.[145] „Damit würde das wichtigste Produktivitätspotenzial flexibler Arbeitszeitgestaltung – die Abwesenheit zur rechten Zeit – gefährdet werden,

---

[138] Vgl. Institut der deutschen Wirtschaft Köln (2003a), http://www.flexible-arbeitszeiten.de/Kompakt/Modelle/sabbatical1.htm, Abruf am 30.8.2011; Herzog-Stein, A., Seifert, H. (2010), S. 5; Jäger, E. (2009), S. 93; Meussen, P., Stehr, S. (2003), S. 17; Priebe, A. (2007), S. 88.
[139] Vgl. Meussen, P., Stehr, S. (2003), S. 17.
[140] Vgl. Arbeit NRW (o.J.c), http://www.arbeit.nrw.de/pdf/arbeit/az_grundformen_arbeitszeitgestaltung-14_langzeitkonto.pdf, Abruf am 20.06.2011.
[141] Vgl. Fauth-Herkner, A., Wiebrock, S. (2001c), S. 162.
[142] Vgl. Rieder, P. (2011), http://www.arbeitswelten.at/neue-arbeitswelten/sabbaticals/, Abruf am 22.5.2011.
[143] Vgl. Thormann, H. (2007), http://www.kreativesdenken.com/artikel/learning-sabbaticals-ausstieg-auf-zeit.html, Abruf am 23.8.2011.
[144] Vgl. Arbeit NRW (o.J.c), http://www.arbeit.nrw.de/pdf/arbeit/az_grundformen_arbeitszeitgestaltung-14_langzeitkonto.pdf, Abruf am 20.06.2011; Hoff, A. (2009), S. 11.
[145] Vgl. Hoff, A. (2009), S. 11.

weil Mitarbeiter vielleicht doch lieber auf ein Sabbatical oder einen vorgezogenen Ruhestand hinsparen wollen, als dann frei zu machen, wenn es zwischendurch vom Arbeitsanfall tatsächlich möglich wäre."[146]

„Die Umsetzung von Sabbaticals stellt Anforderungen an eine flexible Organisation."[147] Sie bietet aber auch die Chance, wie nach anderen Formen der Teilzeitarbeit auch, bisherige Abläufe zu überprüfen und ggf. neu zu organisieren.[148]

Gerade im Fach- und Führungskräftebereich bieten Sabbaticals die Möglichkeit eines Kreativitäts- und Motivationsschubs.[149]

5.2.6 Fazit

Es wird ersichtlich, dass mit Sabbaticals eine Win-Win-Situation erwirkt werden kann, da es für Arbeitnehmer Vorteile mit sich bringt, die sich auf das Unternehmen auswirken. Der Arbeitnehmer erhält die Gelegenheit, eine Auszeit zu nehmen, in der er seine eigenen Ziele verwirklichen kann.[150] „Der Arbeitgeber profitiert von der (wieder) erstarkten Leistungsfähigkeit und Motivation, von neuen Ideen und von dem bewusst oder unbewusst gewachsenen Wissens- und Erfahrungshorizont ... der zudem ausgeruhten und ausgeglichenen Mitarbeitern."[151]

Des Weiteren kann der Arbeitgeber Sabbaticals eigeninitiativ nutzen und sie zur Überbrückung von Krisenzeiten einsetzen und so Arbeitsplatzsicherung betreiben.[152]

Als Nachteile sind aufzuführen, dass das Einrichten und Führen von Langzeitkonten, die Neubesetzung und Einarbeitung eines vertretenden Mitarbeiters aufwändig sind und Kosten verursachen. Zudem besteht das Risiko des möglicherweise unnötigen Aufbaus des Langzeitkontos durch weniger produktive Mehrarbeit.[153]

---

[146] Hoff, A. (2007), S. 214.
[147] Fauth-Herkner, A., Wiebrock, S. (2001c), S. 162.
[148] Vgl. Fauth-Herkner, A., Wiebrock, S. (2001c), S. 162.
[149] Vgl. Fauth-Herkner, A., Wiebrock, S. (2001c), S. 162.
[150] Vgl. Konetzny, M. (2008): http://michael-konetzny.suite101.de/sabbatical-a46333, Abruf am 10.10.2011; Thom, N. u.a. (2009), http://www.goldwynreports.com/?p=208, Abruf am 29.7.2011.
[151] Arbeit NRW (o.J.a), http://www.arbeit.nrw.de/pdf/arbeit/az_grundformen_arbeitszeitgestaltung-12_sabbatical.pdf, Abruf am 20.06.2011.
[152] Da dieses Sabbaticalmodell eine Abwandlung der bisher vorgestellten Variante darstellt, wird hier auf eine ausführliche Darstellung verzichtet, vgl. zudem Kapitel 4.4.2.
[153] Vgl. Fauth-Herkner, A., Wiebrock, S. (2001c), S. 162; Hoff, A. (2009), S. 11; Kienbaum (2007), S. 4.

6 Empirische Forschung

6.1 Befragung als ausgewählte Methode

Um den auf der aktuellen wissenschaftlichen Literatur basierenden Theorieteil dieses Buches empirisch zu ergänzen, wurde eine internetgestützte Befragung durchgeführt und ausgewertet. Das Instrument der Befragung ist das in der empirischen Sozialforschung am meisten genutzte Verfahren der Datenerhebung.[154] Mit dieser Methode wird nicht soziales Verhalten (Beobachtung), sondern verbales Verhalten erfasst.[155] Es werden Fakten, Wissen, Meinungen, Einstellungen oder Bewertungen ermittelt.[156] Dazu kann sich geschlossener oder offener Fragen bedient werden. Bei geschlossenen Fragen werden vorformulierte Antworten vorgegeben, bei offenen Fragen muss der Befragte seine Antwort selber formulieren. Der Einsatz von offenen Fragen macht Sinn, wenn die Informationen über ein bestimmtes Problem gering sind.[157] Geschlossene Fragen haben den Vorteil, dass deren Antworten eine größere Einheitlichkeit ergeben und sich dadurch die Vergleichbarkeit vereinfacht.[158] Die empirische Sozialforschung kennt die mündliche und schriftliche Befragung. Schriftliche Befragungen sind meist vollkommen standardisiert, d.h. alle Fragen des Fragebogens sind präzise formuliert. Auch Reihenfolge und Antwortmöglichkeiten sind festgelegt.[159] Die Einbeziehung von technischen Hilfsmitteln bei der Befragung wird immer beliebter. Auch hier wird eine grobe Unterscheidung vorgenommen. Es handelt sich um eine E-Mail-Befragung, wenn der Fragebogen per E-Mail versandt und/oder zurückgeschickt werden soll und um einen Web-Survey, wenn der Fragebogen als Programm auf einem Web-Server ausgeführt wird.[160] Da eine internetgestützte Befragung Anwendung findet, sollen die Vor- und Nachteile genannt werden. Ein großer Vorteil der internetgestützten Befragung ist die örtliche und zeitliche Ungebundenheit der Befragungsteilnehmer. Gleichzeitig ist damit der Verzicht auf einen Interviewer verbunden. Ein weiteres Plus stellt der Zugang zu einer großen Anzahl von potentiellen Personen dar.[161] Aufgrund der Standardisierung hat ein Web-Survey neben der Vergleichbarkeit der Antworten auch eine einfachere Durchführung, eine höhere Zuverlässigkeit sowie eine Reduktion von Fehlern zur Folge. Zudem sind die Interviews in der Auswer-

---

[154] Vgl. Komrey, H. (2009), S. 336.
[155] Vgl. Atteslander, P. (2008), S. 101.
[156] Vgl. Schnell, R. u.a. (2008), S. 321.
[157] Vgl. Konrad, K. (1999), S. 21.
[158] Vgl. Atteslander, P. (2008), S. 139.
[159] Vgl. Komrey, H. (2009), S. 365; Konrad, K. (1999), S. 63.
[160] Vgl. Schnell, R. u.a. (2008), S. 377.
[161] Vgl. Konrad, K. (1999), S. 67.

tung schneller und dadurch preiswerter zu bearbeiten, weshalb innerhalb kurzer Zeit viele Daten erhoben und ausgewertet werden können.[162] Als Nachteil ist die technische Varianz (verschiedene Browser, Monitorgrößen, Übertragungsgeschwindigkeiten) zu nennen. Negativ ist zudem zu beurteilen, dass Rückfragen der Befragten nur via E-Mail möglich sind und der Befragte bei Schwierigkeiten eher dazu neigt, die Befragung abzubrechen.[163]

6.2 Zielsetzung der Untersuchung

Die computergestützte Befragung wurde eingesetzt, um folgende Untersuchungsziele zu verfolgen:

- Ermittlung von Beweggründen, warum Unternehmen Sabbaticals anbieten,
- Frequentation des Angebotes von Sabbaticals hinsichtlich Anzahl der Arbeitnehmer, Alter, Geschlecht, Führungsposition und Dauer,
- Auswirkungen von Sabbaticals auf Unternehmen und Sabbaticalteilnehmer,
- Gegenüberstellung von Intention und Wirkungen von Sabbaticals,
- Bedeutsamkeit von Sabbaticals sowie
- Aussage über betriebswirtschafliche Effekte von Sabbaticals.

6.3 Ablauf der Befragung

Im Rahmen dieser Untersuchung wurde mittels eines selbstentwickelten Fragebogens in der Zeit vom 27. September 2011 bis 21. Oktober 2011 eine computergestützte Befragung zum Thema „Umfrage zum Für und Wider von Sabbaticals aus Unternehmenssicht"[164] durchgeführt. Hierzu fand im Vorfeld ein *Pretest* zur Qualitätsverbesserung statt. Die Befragung gehört zu den quantitativen Methoden der Sozialforschung. Zielpersonen waren dabei Personalverantwortliche, die zu diesem Zweck via E-Mail[165] angeschrieben wurden. Die angesprochenen Personen wurden mittels eines der E-Mail eingebundenen Links zur Webseite der Befragung geleitet.

Die für die Befragung geeigneten Unternehmen (bewusstes Auswahlverfahren) wurden durch unterschiedliche Kanäle ermittelt. Zunächst wurden die Unternehmen kontaktiert, von denen über Literatur, durch Internetrecherche oder persönliche Kontakte bekannt ist, dass sie

---

[162] Vgl. i-literacy (o.J.), http://i-literacy.e-learning.imb-uni-augsburg.de/node/827, Abruf am 29.10.2011.
[163] Vgl. Konrad, K. (1999), S. 67.
[164] Vgl. Anhang Nr. 2.
[165] Vgl. Anhang Nr. 1.

Sabbaticals anbieten. Daneben wurden alle Unternehmen des HDAX[166] ausgewählt, da der Literatur entnommen werden konnte, dass besonders größere Unternehmen zu einem Angebot von Sabbaticals neigen.[167] Zusätzlich konnten weitere Unternehmen aus einer Liste der beliebtesten Arbeitgeber junger Berufstätiger der Wirtschaftswoche aus Dezember 2010[168] generiert werden. Insgesamt wurden 188 Unternehmen via E-Mail angeschrieben.

Die durchgeführte Befragung kann keinen Anspruch auf Repräsentativität oder Vollständigkeit erheben. Dennoch lassen sich Tendenzen aus der Befragung ableiten. Unternehmen, die Sabbaticals anbieten, können nur schwer recherchiert werden. Schätzungen zufolge bieten nur ca. 3,3 Prozent der Unternehmen in Deutschland ihren Beschäftigten Sabbaticals bzw. vergleichbare Langzeitfreistellungen an.[169] Dennoch sollte durch diese Herangehensweise sichergestellt werden, möglichst viele Unternehmen aller Branchen der ganzen Bundesrepublik zu erreichen, die mit einer hohen Wahrscheinlichkeit Sabbaticals anbieten.

Die Daten wurden direkt auf dem Server erfasst. Sofern Auswertungsergebnisse verschiedener Fragen in Zusammenhang gebracht werden konnten, erfolgte die Nutzung sogenannter Kreuztabellen.[170]

6.4 Auswertung der Befragung

Stichprobenbeschreibung

In der vorliegenden Untersuchung wurden 188 Unternehmen befragt. Insgesamt erfolgten 45 Rückmeldungen, welches einer Beteiligung von 23,94 Prozent entspricht. Jedoch teilten 26 Unternehmen mit, nicht an der Umfrage teilnehmen zu können bzw. zu wollen.[171] Von n = 19 Unternehmen kamen verwertbare Bögen zurück, die für die Auswertung berücksichtigt werden konnten. Dies entspricht einer Rücklaufquote von 10,11 Prozent.

Überwiegend nahmen große Unternehmen (57,9 Prozent) an der Befragung teil, aber auch mittlere (26,3 Prozent) und kleine Unternehmen (15,8 Prozent)[172] waren vertreten, deren Hauptsitz zu 94,7 Prozent in Deutschland bzw. Europa ist.

---

[166] Stand: 22.9.2011.
[167] Vgl. Klenner, C. u.a. (2002), S. 183.
[168] Vgl. Wirtschaftswoche (2010), S. 90.
[169] Vgl. Klenner, C. u.a. (2002), S. 181.
[170] Vgl. Anhang Nr. 3.
[171] 15 Unternehmen gaben an, dass sie aufgrund der Menge an eingehenden Anfragen an der Befragung nicht teilnehmen können. Sechs Unternehmen bieten keine Sabbaticals an, drei nehmen grundsätzlich an keinen Umfragen teil und zwei wollten keine Informationen bereitstellen.
[172] Große Unternehmen = > 500 Mitarbeiter; mittlere Unternehmen = < 200 > 500 Mitarbeiter; kleine Unternehmen = < 200 Mitarbeiter.

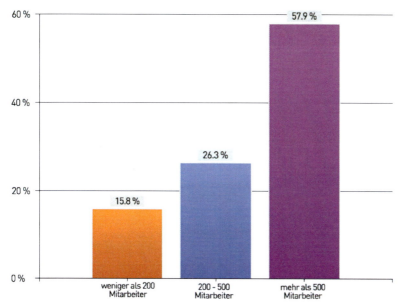

Abbildung 10: Unternehmensgröße, eigene Darstellung.

Die Branchenverteilung der befragten Unternehmen zeigt, dass gerade Unternehmen aus der Beratung gerne bereit sind Sabbaticals anzubieten. Aufgrund der geringen Stichprobe sind branchenspezifische Aussagen jedoch nicht möglich. Die Grafik zeigt hier nur die Verteilung der beteiligten Branchen.[173]

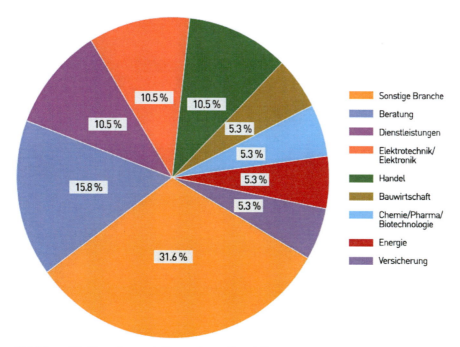

Abbildung 11: Branchenverteilung, eigene Darstellung.

---

[173] Vgl. Anhang Nr. 2.

Im Folgenden werden nun die drei wichtigsten Erkenntnisse der Befragung präsentiert. Daran schließt sich die weitere Auswertung der Umfrage an.

1. Informationsangebot zu Sabbaticals in anbietenden Unternehmen

Die Kommunikation ist, der Mehrheit der Befragten nach, nicht ausreichend transparent.

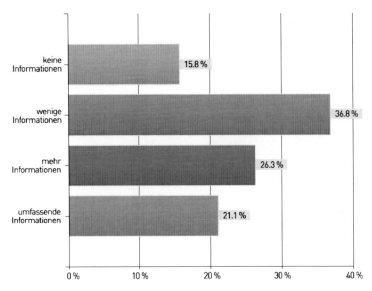

Abbildung 12: Informationsangebot zu Sabbaticals, eigene Darstellung.

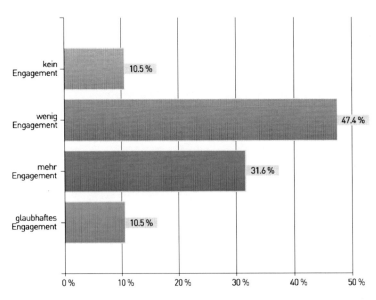

Abbildung 13: Engagement für Sabbaticals seitens der Führungskräfte, eigene Darstellung.

Dabei fällt auf, dass Unternehmen, die Sabbaticals seit über zehn Jahren anbieten, umfassende Informationen hierzu bereitstellen (Abbildung 14) und sich dort Führungs-kräfte glaubhaft für das Angebot engagieren (Abbildung 15). In Unternehmen mit Sabbaticalangebot seit weniger als fünf Jahren hingegen gibt es weniger Informationen (Abbildung 14) sowie geringere Unterstützung seitens der Führungskräfte Abbildung 15).[174]

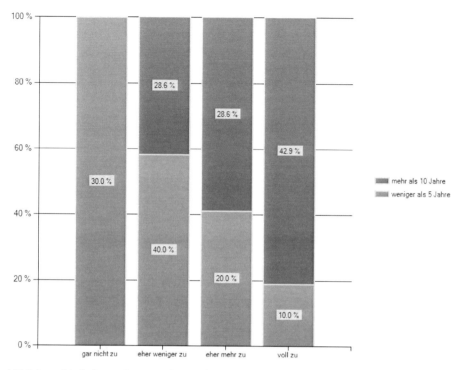

Abbildung 14: Informationsangebot zu Sabbaticals nach Einführungszeitraum, eigene Darstellung

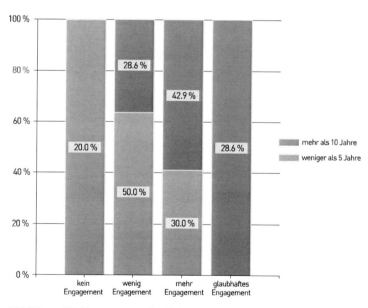

Abbildung 15: Engagement für Sabbaticals seitens der Führungskräfte nach Einführungszeitraum, eigene Darstellung.

---

[174] Vgl. Anhang Nr. 3 a) und b).

Werden nur die Unternehmen betrachtet, die ihre Mitarbeiter umfassend informieren, so ist erkennbar, dass sich dort auch die Führungskräfte stärker für Sabbaticals einsetzen. 50 Prozent der Führungskräfte engagieren sich hier *eher mehr* und 50 Prozent sogar *voll*. Zudem sagen alle dieser Unternehmen aus, dass sie positive Veränderungen ihrer Mitarbeiter nach der Rückkehr von Sabbaticals bemerken.[175]

In einem der befragten Unternehmen nutzen 51 - 70 Prozent der Belegschaft Sabbaticals. Nennenswert ist, dass sich die Führungskräfte in diesem Unternehmen für die Inanspruchnahme von Sabbaticals glaubhaft einsetzen und die Unternehmen aktuell und auch in Zukunft Sabbaticals in ihrem Betrieb als sehr bedeutsam einstufen.

Diese Resultate lassen also einen Zusammenhang von positiven Effekten bei aktivem Umgang mit Sabbaticals erkennen.

Es ist bekannt, dass zu einer erfolgreichen Unternehmensführung die interne Informations- und Kommunikationskultur nicht zu vernachlässigen ist.[176] „Was nicht öffentlich ist, findet nicht statt."[177]

2. Inanspruchnahme der Sabbaticals

Bei der Mehrheit der befragten Unternehmen beanspruchen bis zu zehn Prozent aller Mitarbeiter ein Sabbatical. Laut den Umfrageergebnissen nehmen mehr Männer als Frauen ein Sabbatical in Anspruch. Hier ist als Auffälligkeit gegenüber den gängigen Arbeitszeitmodellen zu erwähnen, dass der Anteil der Männer an dieser besonderen Form von Teilzeitbeschäftigung weit höher als bei den übrigen Teilzeitvarianten ist. Diese Aussage stimmt mit den aus der Literatur gewonnenen Angaben in dieser Arbeit überein.[178]

Hervorzuheben ist ebenfalls, dass in 68,4 Prozent der befragten Unternehmen bis zu zehn Prozent der Führungskräfte an Sabbaticals teilnehmen. Ein Unternehmen antwortet sogar, dass bis zu 100 Prozent der Führungskräfte Sabbaticals nutzen. Wie bereits in Kapitel 2.1.3 dieses Buches beschrieben, scheinen Sabbaticals auch für höhere Qualifikations- und Statusgruppen interessant, die ansonsten unter den Teilzeitbeschäftigten weit unterrepräsentiert sind.[179]

Weiterhin fällt auf, dass der Anteil an Führungskräften, die Sabbaticals in Anspruch nehmen, in kleinen Unternehmen minimal größer ist als in großen Unternehmen.[180]

---

[175] Vgl. Anhang Nr. 3 c).
[176] Vgl. Zerfaß, A., Piwinger, M. (2007), S. 5 f.
[177] Zerfaß, A., Piwinger, M. (2007), S. 5.
[178] Vgl. Kapitel 2.1.3.
[179] Vgl. Priebe, A. (2007), S. 79.
[180] Vgl. Anhang Nr. 3 d).

3. Mehrwert für Unternehmen von Sabbaticals

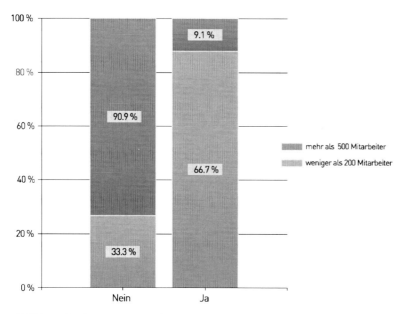

Abbildung 16: Mehrwert von Sabbaticals, eigene Darstellung.

78,9 Prozent der befragten Unternehmen können keinen deutlichen Mehrwert durch das Angebot von Sabbaticals dokumentieren. Werden die Unternehmen ihrer Größe nach betrachtet, so fällt folgendes auf: Während 66,7 Prozent der kleinen Unternehmen noch einen deutlichen Mehrwert feststellen können, vermerken 90,9 Prozent der großen Unternehmen keinen spürbaren Mehrwert.[181] Daraus lässt sich ableiten, dass der erkennbare Mehrwert von Sabbaticals mit der Größe des Unternehmens abnimmt.

Insgesamt können als positive betriebswirtschaftliche Effekte auf Rang eins die Mitarbeiterbindung (63,2 Prozent), auf Rang zwei das Unternehmensimage (52,6 Prozent) und auf Rang drei die Kreativität (36,8 Prozent) sowie das Betriebsklima (36,8 Prozent) identifiziert werden. Dennoch werden diese Kriterien mit der abgestuften Skalierung *trifft eher mehr zu* bewertet. Mit 15,8 Prozent wird mit *trifft voll zu* nur die Mitarbeiterbindung klar bestätigt.

Am wenigsten kann eine Verringerung der Fehlzeiten, eine Verminderung der Personalentwicklungskosten[182] und positive Medienberichterstattung durch den Einsatz von Sabbaticals sowie die Nutzung von Sabbaticals in Krisenzeiten bestätigt werden. Auch die übrigen abgefragten Kriterien, wie Neugewinnung von Kunden bzw. Aufträgen, Verringerung der Fluktuation und Verbesserung der Personalgewinnung, finden eher mäßige Zustimmung.

---

[181] Vgl. Anhang Nr. 3 e).
[182] Vgl. Kapitel 5.2.3. Die Aussage, verbesserte Qualifikationen, die Sabbaticalteilnehmer während ihrer Abwesenheit erwerben, ersparen dem Unternehmen Personalentwicklungskosten, kann nicht bestätigt werden.

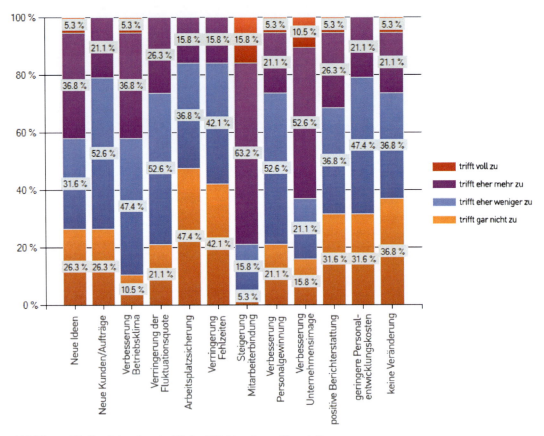

Abbildung 17: Betriebswirtschaftliche Effekte, eigene Darstellung.

Interessant ist, dass die Mehrheit der befragten Unternehmen eine verstärkte Mitarbeiterbindung feststellen können, die Fluktuation und die Fehlzeitenquote sich aber dadurch nicht verbessert. Trotzdem sind sich 73,6 Prozent der befragten Unternehmen einig, dass sich durch Sabbaticals Veränderungen ergeben.

Weitere Befragungsergebnisse

Gründe für Sabbaticals aus Unternehmenssicht

Als Hauptgründe für die Einführung von Sabbaticals nennen die Unternehmen primär soziale Ziele, also mitarbeiterbezogene Ziele, wie die Unterstützung der Mitarbeiter-motivation (73,7 Prozent), der Beitrag zur Work-Life-Balance (42,1 Prozent) sowie die Steigerung der Mitarbeiterbindung an das Unternehmen (36,8 Prozent). Weniger wichtig erscheinen ökonomische Ziele, etwa demografische Aspekte (26,3 Prozent) und Arbeitsplatzsicherung in Krisenzeiten (21,1 Prozent).

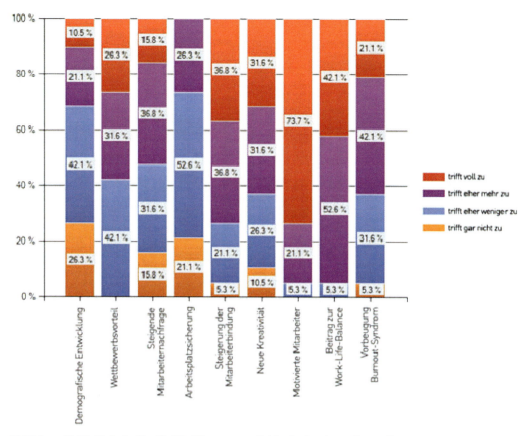

Abbildung 1108: Gründe für die Einführung von Sabbaticals, eigene Darstellung.

Unternehmen (50 Prozent), die erst seit bis zu fünf Jahren Sabbaticals anbieten, scheint der demografische Wandel wichtiger zu sein als Unternehmen (14,3 Prozent), die schon länger Sabbaticals anbieten. Dies kann darauf schließen lassen, dass Unternehmen erkannt haben, auf aktuelle Entwicklungen zu reagieren.[183]

Werden nur große und kleine Unternehmen betrachtet, so fallen folgende Besonderheiten auf: Kleine Unternehmen sind sich einig, dass die aktuelle demografische Entwicklung kein Grund für die Einführung von Sabbaticals ist. Große Unternehmen hingegen sind sehr unterschiedlicher Meinung. Immerhin 36,4 Prozent integrieren Sabbaticals aus demografischen Gründen im Unternehmen. Während kleinere Unternehmen mit Sabbaticals nicht auf einen Wettbewerbsvorteil abzielen, scheinen größere Unternehmen diesem einen bedeutenden Stellenwert beizumessen. Für 72,8 Prozent der großen Unternehmen ist der Wettbewerbsvorteil ein Motiv, Sabbaticals anzubieten. Bei 81,8 Prozent der großen Unternehmen verbessert sich die Personalgewinnung dadurch allerdings nicht.[184] Weitere Unterschiede zwischen kleinen und großen Unternehmen liegen in der Mitarbeiternachfrage von Sabbaticals. Während in kleinen Unter-

---

[183] Vgl. Anhang Nr. 3 f).
[184] Vgl. Anhang Nr. 3 g).

nehmen die Nachfrage der Mitarbeiter eher geringfügig ist, trifft es in großen Unternehmen zu 45,5 Prozent *eher mehr* und zu 27,3 Prozent *voll zu*, dass Mitarbeiter Sabbaticals anfragen.[185]

Einführungszeitraum von Sabbaticals

Obwohl Sabbaticals seit 1987 als Instrument der Arbeitszeitflexibilisierung eingesetzt werden, bieten ca. die Hälfte der befragten Unternehmen (52,6 Prozent) Sabbaticals seit weniger als fünf Jahren an. Daraus kann ein Trend zur zunehmender Verbreitung und Akzeptanz abgeleitet werden. Dies wird auch in der Literatur bestätigt.[186]

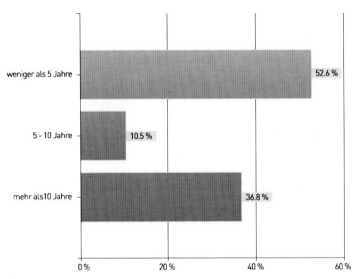

Abbildung 19: Einführungszeitraum von Sabbaticals, eigene Darstellung.

Dauer des Sabbaticals

Tendenziell kann davon ausgegangen werden, dass Sabbaticals vorwiegend von 20 - 40-Jährigen beansprucht werden. Aber auch 41 - 50-Jährige sind an Sabbaticals interessiert. Über 50-Jährige hingegen, nutzen das Angebot nur selten. Ausnahmen bilden jedoch zwei Unternehmen, von denen eins angab, dass bis zu 100 Prozent der 41 - 50-Jährigen Sabbaticals nutzen und in dem anderen Unternehmen bis zu 100 Prozent der über 50-Jährigen.

Sabbaticals werden üblicherweise bis zu einem halben Jahr in Anspruch genommen. Seltener finden Sabbaticals mit einer Dauer zwischen sieben und zwölf oder sogar mehr als zwölf Monaten statt. Weniger überraschend ist, dass Sabbaticals in kleinen Unternehmen nie länger als sechs Monate andauern. Die übliche Dauer von Sabbaticals liegt in großen Unternehmen ebenfalls bei bis zu sechs Monaten, jedoch existieren dort auch durchaus längere Sabbaticals.[187]

---

[185] Vgl. Anhang Nr. 3 h).
[186] Vgl. Kapitel 2.2.
[187] Vgl. Anhang Nr. 3 i).

Erkennbare Auswirkungen des Sabbaticals nach Rückkehr in das Unternehmen

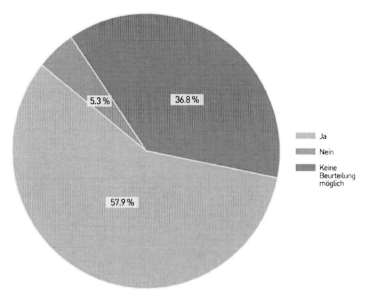

Abbildung 20: Positive Veränderungen der Sabbaticalteilnehmer, eigene Darstellung.

57,9 Prozent der Unternehmen können die Frage, ob Sabbaticalteilnehmer positiv verändert in das Unternehmen zurückkehrten, mit *ja* beantworten. 36,8 Prozent der Unternehmen können allerdings keine klare Beurteilung über Veränderungen abgeben. Obwohl diese Unternehmen keine positiven Effekte identifizieren können, bieten sie Sabbaticals an. Da in der Befragung nicht weiter auf die Ursache eingegangen wurde, bietet dieser Punkt Anlass zur weiteren Forschung.

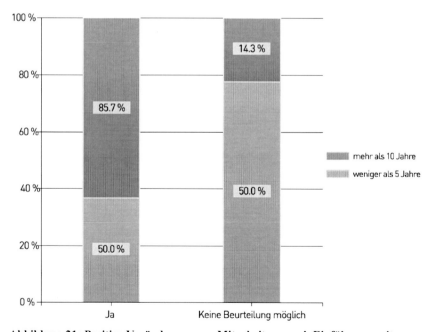

Abbildung 21: Positive Veränderung von Mitarbeitern nach Einführungszeitraum, eigene Darstellung.

Unternehmen, die Sabbaticals bereits seit über zehn Jahren anbieten, machen positivere Erfahrungen als Unternehmen, die erst seit bis zu fünf Jahren Sabbaticals anbieten.[188]

Die Unternehmen, die positive Veränderungen ihrer Arbeitnehmer feststellen können, vermerken definitiv mehr motivierte, ausgeglichene und produktive Mitarbeiter. Die Kreativität der Arbeitnehmer kann durch Sabbaticals ebenfalls positiv beeinflusst werden, jedoch nicht in dem Ausmaß wie die zuvor genannten Eigenschaften. Verbesserte Soft-Skills und mehr Know-how können zum Teil festgestellt, teils aber auch *eher weniger* bestätigt werden.

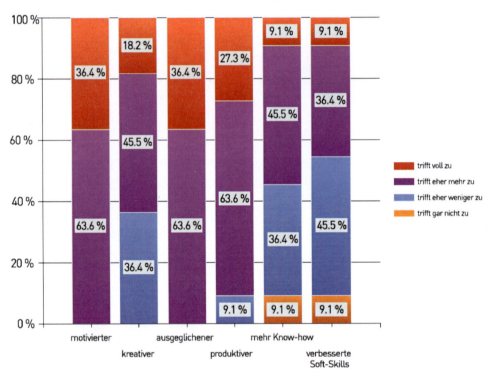

Abbildung 22: Auswirkungen der Sabbaticals auf Mitarbeiter, eigene Darstellung.

Insgesamt werden durch Sabbaticals als Instrument sozialer Ziele auch soziale Effekte erreicht. Die Hauptziele – die Unterstützung der Mitarbeitermotivation, der Beitrag zur Work-Life-Balance sowie die Steigerung der Mitarbeiterbindung an das Unternehmen[189] – stimmen mit den Auswirkungen von Sabbaticals überein.[190]

Knapp die Hälfte der Unternehmen, die positive Veränderungen feststellen können, sagt aus, dass diese Veränderung der Rückkehrer bis zu sechs Monate andauerte bis der alte Zustand

---

[188] Vgl. Anhang Nr. 3 j).
[189] Vgl. Abbildung 18.
[190] Vgl. Abbildung 17 und 22.

wieder erreicht war. Kein Unternehmen kann eine längere Dauer positiver Veränderungen bestätigen. Die andere Hälfte der Unternehmen kann keine Aussage über den Zeitbezug treffen. Auch hier ergibt sich das Problem der Messbarkeit der Nachhaltigkeit von Sabbaticals und es stellt sich die Frage, warum Unternehmen Sabbaticals anbieten, wenn nur eine verhältnismäßig kurze positive Veränderung erkennbar ist. Unternehmen können auch keinen Zusammenhang der positiven Veränderungen mit der Dauer des Sabbaticals feststellen.

Betriebswirtschaftliche Effekte von Sabbaticals

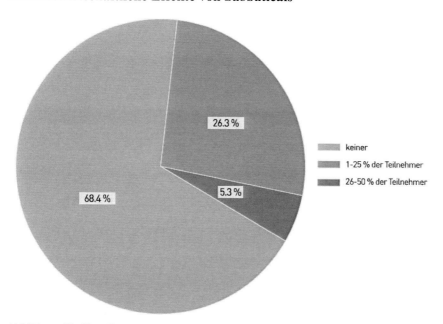

Abbildung 23: Kündigungen nach Inanspruchnahme von Sabbaticals, eigene Darstellung.

Bei dem Großteil der befragten Unternehmen (68,4 Prozent) verbleiben die Sabbaticalteilnehmer nach ihrer Rückkehr im Unternehmen. Somit ist das Ziel der Mitarbeiterbindung erreicht. Trotzdem wandern bei 26,3 Prozent der Unternehmen 1 - 25 Prozent der Sabbaticalteilnehmer ab, obwohl 80 Prozent von diesen Unternehmen eine stärkere Mitarbeiterbindung empfinden.[191] Ein Unternehmen gibt sogar an, dass 26 - 50 Prozent der Mitarbeiter nach der Rückkehr ihr Arbeitsverhältnis kündigen. Wird dieses Unternehmen näher betrachtet, fallen hier eher negative Auswirkungen von Sabbaticals auf. Das Unternehmen kann weder positive Veränderungen von Sabbaticalteilnehmern erkennen, noch verzeichnet es andere positive betriebswirtschaftliche Effekte. Außerdem gibt es an, keinen Mehrwert aus Sabbaticals zu schöpfen und empfindet die Bedeutsamkeit von Sabbaticals in Unternehmen eher weniger relevant.

---

[191] Vgl. Anhang Nr. 3 k).

Die Tatsache, dass keine ökonomischen Effekte als direkte oder indirekte Folge der Nutzung von Sabbaticals bestätigt werden können, gibt Grund zur Annahme, dass nicht die Erreichung beliebiger, sondern nur die Erreichung bestimmter sozialer Ziele die Erreichung ökonomischer Ziele beeinflusst. Die auffallenden positiven Effekte von Sabbaticals scheinen – diesem Teil der Befragung nach – in ihrer Summe keine besonderen Auswirkungen auf die Erreichung ökonomischer Ziele von Unternehmen zu haben.

Controlling und Controlling-Ergebnisse

Drei von 19 Unternehmen (15,8 Prozent), also eine deutliche Minderheit, geben an, dass Controlling-Maßnahmen zu Sabbaticals stattfinden. Dazu gehören Personalstatistiken, Kennzahlensysteme, Benchmarking, Personalportfolios und Befragungen. Dennoch wurden bei der offenen Frage, welcher Mehrwert gemessen werden konnte, keine konkreten Zahlen angegeben. Ein Unternehmen teilt mit, dass es den Mehrwert durch Feedback der Arbeitnehmer an Führungskräfte und Kollegen messe, ein weiteres Unternehmen kann durch die verringerte Fluktuation geringere Rekrutierungskosten erreichen und ein weiteres Unternehmen erkennt als Mehrwert Mitarbeiterbindung und Mitarbeiterzufriedenheit. Gründe, warum der Großteil der befragten Unternehmen keine gezielten Controlling-Maßnahmen für Sabbaticals einsetzen, sind folgende:

- Anzahl der Mitarbeiter, die Sabbaticals in Anspruch nehmen, ist verhältnismäßig geringfügig, sodass ein Controlling als zu aufwändig erachtet wird,
- Sabbaticals sind Teil der Anstellungsbedingung und für Mitarbeiter frei verfügbar und werden nicht in Frage gestellt und
- Angabe: *Weiß nicht*.

Bedeutsamkeit

Dieser Teil wurde unter zwei Gesichtspunkten geprüft. Zunächst wurde nach der Bedeutsamkeit von Sabbaticals im Unternehmen zum aktuellen Zeitpunkt und im Folgenden die Bedeutsamkeit in fünf Jahren abgefragt. Aus heutiger Sicht scheinen Sabbaticals in den befragten Unternehmen eher eine untergeordnete Rolle zu spielen, da mit 42,1 Prozent Sabbaticals eine *eher weniger* bedeutsame Stellung eingeräumt wird. 68,4 Prozent sind sich aber einig, dass Sabbaticals in der Zukunft an Bedeutsamkeit gewinnen werden. Auch dies bestätigt den erwähnten Trend steigender Bedeutsamkeit von Sabbaticals.[192]

---

[192] Vgl. Kapitel 2.2 und Kapitel 6.4 Einführungszeitraum von Sabbaticals.

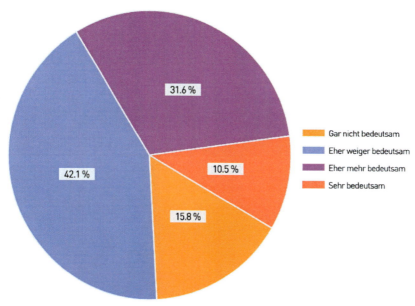

Abbildung 24: Bedeutsamkeit von Sabbaticals, eigene Darstellung.

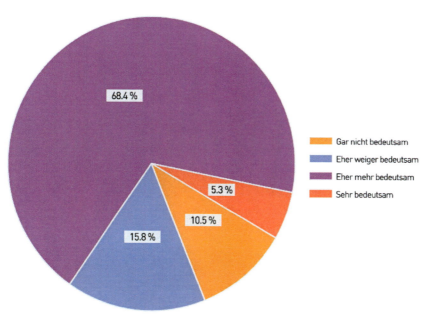

Abbildung 25: Bedeutsamkeit von Sabbaticals in fünf Jahren, eigene Darstellung.

Work-Life-Balance und Auszeichnung

Die Abfrage weiterer Work-Life-Balance-Angebote der Unternehmen soll die am häufigsten eingesetzten Instrumente neben Sabbaticals dokumentieren. Wie bereits im theoretischen Teil dieser Arbeit erwähnt, ist die Teilzeit das meist bevorzugte Arbeitszeitmodell. Das Ergebnis der Umfrage zeigt, dass 100 Prozent der befragten Unternehmen Teilzeitarbeit anbieten. Ferner hebt sich das Ergebnis dieser Frage nicht von der Masse ab. Fitnessangebote, Betriebssport, Gesundheits-Checks und gesundheits-fördernde Maßnahmen liegen im Trend, aber auch Telearbeit, Jahresarbeitszeitkonten und Kinderbetreuung werden von den Unternehmen angeboten.

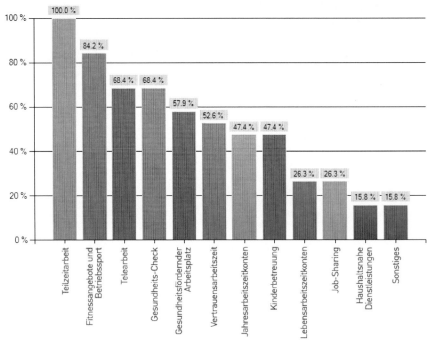

Abbildung 26: Weitere Work-Life-Balance-Angebote, eigene Darstellung.

68,4 Prozent der befragten Unternehmen haben kein Prädikat für besonderes Personalmanagement. Es könnte sein, dass die Unternehmen keinen speziellen Wert auf ein solches Qualitätssiegel legen. Im umgekehrten Fall hätte die Antwort ein Indiz für aktives Personalmarketing mit außergewöhnlichen Leistungen sein können.

Zusammenhang von Sabbaticals mit dem Herkunftsland

Da das Arbeitszeitflexibilisierungsmodell *Sabbaticals* aus den USA stammt, sollte herausgefunden werden, ob Sabbaticals heutzutage vorwiegend von Unternehmen angeboten werden, die ihren Hauptsitz im amerikanischen Raum haben. Bis auf ein Unternehmen, das seinen Unternehmenssitz in Nordamerika hat, geben jedoch alle anderen Unternehmen an, ihren Hauptsitz in Deutschland bzw. Europa zu haben. Es kann demnach keine herkunftsspezifische Zuordnung getroffen werden.

Weiteres Forschungspotential

Bei der Analyse der Auswertung sind weitere Fragen aufgetreten, deren Klärung von Interesse sein kann:

- Recherche von Unternehmen, die Sabbaticals wieder abgeschafft haben, um nach Beweggründen und negativen Effekten zu forschen,

- Recherche von Unternehmen, die keine Sabbaticals anbieten, um Vergleiche ziehen zu können sowie
- Vergleich von Controllingkennzahlen, z.B. Fluktuationsquote, von Unternehmen mit sehr ausgeprägtem Work-Life-Balance-Angebot vs. Unternehmen mit sehr unzureichendem Work-Life-Balance-Angebot.

6.5 Handlungsempfehlung

Unternehmen, die sich mit dem Thema *Sabbaticals* beschäftigen bzw. in Zukunft auseinandersetzen möchten, werden anhand der in diesem Kapitel gewonnenen Ergebnisse konkrete Handlungsempfehlungen gegeben.

Informationsangebot zu Sabbaticals in anbietenden Unternehmen

Die Unternehmen selbst geben in der Befragung an, dass dem Thema *Sabbaticals* in der Organisation zu geringe Aufmerksamkeit zuteil kommt. Weder das Informations-angebot noch das Engagement seitens der Führungskräfte für Sabbaticals ist stark ausgeprägt. Es wird den befragten Unternehmen deshalb empfohlen, ihre Informations- und Kommunikationskultur zu hinterfragen und ggf. anzupassen.

Besonders Unternehmen, die erst seit bis zu fünf Jahren Sabbaticals anbieten, haben, den Umfrageergebnissen zufolge, diesbezüglich noch Ausbaupotential in ihren Kommunikationsstrategien.

Ein umfassendes Informationsangebot dient nicht nur der Aufklärung, sondern hilft auch Vorurteile gegenüber Sabbaticals und sogar Ängste gegenüber deren Inanspruchnahme abzubauen. Existierende Ängste sind beispielsweise ein möglicher Verlust der beruflichen Position oder das Erschweren eines aufsteigenden Karrierewegs. Typische Vorurteile sind das Gleichsetzen von Sabbaticals mit Faulenzen und dass wer eine Auszeit braucht, nicht belastbar genug sei.[193]

Mehrwert für Unternehmen von Sabbaticals sowie Controlling und Controlling-Ergebnisse

Kleine Unternehmen können von einem deutlichen Mehrwert durch den Einsatz von Sabbaticals sprechen, können diesen aber nicht näher benennen. Große Unternehmen hingegen können keinen klaren Mehrwert feststellen.

---

[193] Vgl. Arbeit NRW (o.J.a), http://www.arbeit.nrw.de/pdf/arbeit/az_grundformen_arbeitszeitgestaltung-12_sabbatical.pdf, Abruf am 20.06.2011; Thormann, H. (2007), http://www.kreativesdenken.com/artikel/learning-sabbaticals-ausstieg-auf-zeit.html, Abruf am 23.8.2011.

Der Großteil der befragten Unternehmen führt kein Controlling zu Sabbaticals durch.

Um dem ökonomischen Wert von Sabbaticals in Unternehmen näher zu kommen, wird ein aussagekräftiges Controllingsystem nahe gelegt. Im Allgemeinen kann von einer Steigerung sozialer Effekte durch Sabbaticals ausgegangen werden, die sich – wenn überhaupt – nur indirekt auf ökonomische Effekte auswirken.

Erkennbare Auswirkungen des Sabbaticals nach Rückkehr in das Unternehmen

Die befragten Unternehmen können keine eindeutigen Aussagen über Veränderungen ihrer Sabbaticalteilnehmer nach Wiederkehren an ihren Arbeitsplatz treffen. Auch die empfundenen Leistungssteigerungen (vorübergehend mehr Motivation, Ausgeglichenheit und Produktivität) sind allein betrachtet keine ausschlaggebenden Argumente für Sabbaticals aus Unternehmenssicht. Unternehmen, die Sabbaticals anbieten möchten, wird empfohlen, sich mit den Gründen für die Einführung von Sabbaticals auseinander zu setzen. Unternehmen, die Wert auf ein umfassendes Work-Life-Balance-Angebot legen, werden Sabbaticals als ergänzendes Arbeitszeitflexibilisierungsmodell nahe gelegt.

Betriebswirtschaftliche Effekte von Sabbaticals

Es können keine positiven Auswirkungen auf harte Faktoren, wie die Verringerung der Fehlzeiten und Fluktuation, die Neugewinnung von Kunden bzw. Aufträgen, die Verbesserung der Personalgewinnung oder die Verminderung der Personalentwicklungskosten festgestellt werden. Darüber hinaus hielt die empfundene Ausgeglichenheit sowie Motivations- und Produktivitätssteigerung der Mitarbeiter maximal bis zu einem halben Jahr an. Direkt eintretende ökonomische Effekte werden demnach von Sabbaticals nicht erreicht. Unternehmen, die Sabbaticals aus rein betriebswirtschaftlichen Motiven einführen möchten, sollten daher die Wahl dieses Instruments zur Erreichung ihrer Ziele überprüfen.

Die Auswertung der Umfrage zeigt, dass Sabbaticals als Arbeitszeitflexibilisierungsinstrument durchaus Potential besitzen, aber in ihrem Entwicklungsstadium noch recht unausgereift sind. Der relativ kurze Anwendungszeitraum sowie der noch geringfügige Einsatz von Sabbaticals bietet zu wenig Erfahrungswerte, um eine allgemeingültige Empfehlung für oder gegen Sabbaticals in Unternehmen geben zu können. Ob die Anwendung von Sabbaticals in Unternehmen Sinn macht, hängt von den individuellen Zielen, Wertvorstellungen und der jeweiligen Unternehmensphilosophie ab und muss von jedem Unternehmen selbst entschieden werden.

7 Ausblick

Die aktuelle Angebotsquote von Sabbaticals in Deutschland liegt derzeit bei ca. 3,3 Prozent. Die Kienbaum Studie und die Studie des CRF Instituts zeigen, dass Bedeutsamkeit sowie Angebote von Sabbaticals im Work-Life-Balance-Mix im Laufe der letzten Jahre zunahmen und sich laut der Befragung auch in Zukunft weiter etablieren werden. Demnach steigt die Attraktivität dieses Arbeitszeitflexibilisierungsmodells. Des Weiteren kann die Erreichung sozialer Ziele eindeutig belegt werden: Arbeitsmotivation, Arbeitszufriedenheit und Commitment werden gestärkt und negativen Folgen der gesellschaftlichen Entwicklung (Unzufriedenheit, Burnout, Depression usw.) vorgebeugt. Eine eindeutige Verbindung von Sabbaticals mit direkten oder indirekten positiven betriebswirtschaftlichen Effekten kann weder nachgewiesen, noch völlig ausgeschlossen werden.

Die Tendenz zu vermehrtem Auftreten gesundheitlicher Störungen scheint in Zusammenhang mit den Veränderungen auf dem Arbeitsmarkt, also längeren Arbeitszeiten, höherer Arbeitsbelastung, zunehmenden Druck und dadurch unausgewogenen Work-Life-Balance, zu stehen. Sabbaticals können zum Ausgleich dieser unausgewogenen Work-Life-Balance und damit zur Herstellung des Gleichgewichts und nachhaltigen Wahrung der Mitarbeiterressourcen beitragen, wie etwa durch die Ermöglichung des Nachgehens individueller Anliegen und Bedürfnisse, die im Rahmen eines gewöhnlichen Urlaubs nicht ausreichend realisierbar sind.[194]

Sabbaticals sind eine attraktive Arbeitszeitflexibilisierungsalternative insbesondere für Führungskräfte, die im Berufsalltag über weniger Zeitsouveränität verfügen und sich durch Sabbaticals Ausgleich schaffende Zeitfenster einräumen können. Allerdings sind gerade hoch qualifizierte Mitarbeiter bei der heutigen oft dünnen Personaldecke in vielen Unternehmen kaum adäquat zu ersetzen. Hoff zweifelt einen langfristigen Effekt von Sabbaticals an[195], den auch die befragten Unternehmen auf nicht länger als bis zu sechs Monate beziffern.

Sabbaticals können eine vorübergehende Arbeitsentlastung nach größeren Zeiträumen darstellen, beeinflussen die tägliche bzw. wöchentliche Arbeitszeit allerdings nicht. Aus diesem Grund lässt sich annehmen, dass Sabbaticals als weiteres Instrument des Work-Life-Balance-Mix in Zukunft klarer definiert und integriert werden, aber darüber hinaus weiterhin

---

[194] Vgl. Heitz, A. (1998), S. 105.
[195] Vgl. Hoff, A. (2008), http://www.stern.de/panorama/auszeit-vom-job-das-bringt-ein-sabbatical-646876.html, Abruf am 31.10.2011.

nur in Verbindung mit anderen, individuell an die Mitarbeiterbedürfnisse angepassten Instrumenten zur Work-Life-Balance beitragen können.

Die Auswertungsergebnisse zeigen, dass Unternehmen bisher geringe Erfahrungswerte bezüglich Sabbaticals aufweisen und dass das Modell *Sabbaticals* als solches noch ausbaufähig ist und Verbesserungspotential birgt. Insbesondere die Einführung eines adäquaten Controllingsystems kann helfen, Effekte von Sabbaticals messbar zu machen.

Die Entwicklungen der Zeit – demografischer Wandel, Wertewandel sowie Globalisierung und Internationalisierung – und die damit verbundenen Konsequenzen wie das Ansteigen des Rentenalters, der Fachkräftemangel, die Anforderung für das Verständnis für Länder und Kulturen und der Drang der Arbeitnehmer, Arbeit und Privatleben in Einklang bringen zu wollen (Work-Life-Balance), zwingen Unternehmen, sich auf dem Arbeitsmarkt attraktiver zu zeigen.

„Die Unternehmen wissen, dass sie heute mehr als ein monatliches Gehalt bieten sollten, um für hochqualifizierte Fachkräfte attraktiv zu sein. Mit einem guten Angebot sekundärer Benefits steigern sie nicht nur ihre Arbeitgeberleistungen – sie zeigen damit auch, dass sie die verschiedenen Bedürfnisse und Wünsche ihrer Mitarbeiter kennen und berücksichtigen."[196]

Selbstverwirklichung bzw. individuelle Selbstentfaltung nehmen heutzutage in jeder Lebensphase einen bedeutsamen Stellenwert ein. Diese kann je nach Lebenslage unterschiedliche Facetten aufweisen: von der Weltreise nach dem Studium, dem intensiven Nachgehen eines Hobbys, Hausbau oder Familiengründung, einem Sprachurlaub oder Engagement in einem Ehrenamt bis zur Erfüllung eines Lebenstraumes.[197] „Um den Leistungswillen und die Leistungsfähigkeit der Beschäftigten bis ins hohe Alter zu erhalten und zu fördern, bedarf es im Unternehmen einer flexiblen Arbeitszeitgestaltung, die verschiedene Laufbahn- und Karrierevarianten [sowie die Patchwork-Biografie] ermöglicht. Heute punkten diejenigen Arbeitgeber, die nicht nur die klassische Aufstiegsvariante, sondern auch eine horizontale Karriere in ihrem Unternehmen ermöglichen."[198]

Bezogen auf die in dieser Studie gewonnen Erkenntnisse bleibt festzustellen, dass eine sich verändernde Arbeitswelt neben neuen Möglichkeiten auch neue Voraussetzungen mit sich bringt, derer sich Unternehmen zunehmend bewusst werden[199] und sich anzupassen versu-

---

[196] CRF Institute (2011), S. 2.
[197] Vgl. Spieß, B., Lohkamp, R. (2008), S. 20 f.
[198] Spieß, B., Lohkamp, R. (2008), S. 20 f.
[199] Bei der Befragung nach Angabe von Gründen für Sabbaticals wurde dem demografischen Wandel keine ausschlaggebende Bedeutung zugeschrieben.

chen. Die Anpassung, u.a. auch mit der Weiterentwicklung von Sabbaticals, erfolgt zunächst nur in kleinen Schritten.

Das Gleichnis der Bibel lässt sich auf die Anwendung von Sabbaticals übertragen: Die Mitarbeiter werden nicht auffällig produktiver, erhalten aber ihren bereits vorhandenen Wert nachhaltig – die Ernte fällt nicht größer aus, aber sie fällt nicht aus.

Anhang

Nr. 1

Sehr geehrte Damen und Herren,

im Zuge meiner Studie an der Hochschule für Oekonomie und Management (FOM) in Düsseldorf führe ich eine Umfrage zu betriebswirtschaftlichen Effekten von Unternehmen bei dem Angebot/Einsatz von Sabbaticals durch.

Ziel meiner Abfrage ist der Vergleich der theoretischen Grundlagen dieses Themas mit der unternehmerischen Praxis. Ich würde mich sehr freuen, wenn Sie mir den Umfragebogen bis zum 21. Oktober 2011 beantworten könnten. Hiermit versichere ich Ihnen, dass Ihre Antworten anonymisiert in die Auswertung des Fragebogens eingehen werden.

Sollten Sie in Ihrem Hause nicht der richtige Ansprechpartner sein, bitte ich Sie, die E-Mail entsprechend weiterzuleiten.

Ich würde mich über Ihr Interesse am Thema „Sabbaticals" und Ihre Unterstützung im Sinne der Teilnahme an der Befragung sehr freuen und möchte mich hierfür im Voraus bei Ihnen bedanken.

Auf Wunsch lasse ich Ihnen die Ergebnisse dieser Studie selbstverständlich gerne zukommen. Bitte teilen Sie mir dazu Ihre E-Mail-Adresse mit.

Falls Sie in Ihrem Unternehmen keine „Sabbaticals" anbieten, erübrigt sich die Beantwortung meiner Umfrage.

Mit einem Klick auf folgenden Link geht es los! (ca. 8 - 10 Minuten)
https://www.surveymonkey.com/s/DCVVH3F

Vielen Dank und freundliche Grüße,
Kerstin Schaaf

Nr. 2

1. Welche Gründe haben dazu geführt, in Ihrem Unternehmen Sabbaticals anzubieten? (Bitte nehmen Sie zu jeder Aussage Stellung.) Diese Aussage trifft...

	gar nicht zu	eher weniger zu	eher mehr zu	voll zu	Response Count
Die weitere demographische Entwicklung, insbesondere das Ansteigen des Rentenalters, erfordert es, dass wir uns mit einer veränderten Personalpolitik vorbereiten und Sabbaticals anbieten.	26,3% (5)	**42,1% (8)**	21,1% (4)	10,5% (2)	19
Sabbaticals schaffen uns auf dem Arbeitsmarkt einen Wettbewerbsvorteil.	0,0% (0)	**42,1% (8)**	31,6% (6)	26,3% (5)	19
Die Nachfrage seitens unserer Mitarbeiter stieg/steigt.	15,8% (3)	31,6% (6)	**36,8% (7)**	15,8% (3)	19
Durch Sabbaticals können wir in Krisenzeiten Arbeitsplatzsicherung betreiben.	21,1% (4)	**52,6% (10)**	26,3% (5)	0,0% (0)	19
Wir hatten/haben die Absicht mit Sabbaticals Mitarbeiter stärker an unser Unternehmen zu binden.	5,3% (1)	21,1% (4)	**36,8% (7)**	**36,8% (7)**	19
Sabbaticals sollen neue Kreativität schaffen.	10,5% (2)	26,3% (5)	**31,6% (6)**	**31,6% (6)**	19
Zur Umsetzung unserer Unternehmensziele benötigen wir motivierte Mitarbeiter.	0,0% (0)	5,3% (1)	21,1% (4)	**73,7% (14)**	19
Wir wollen/wollten einen weiteren Beitrag zur Work-Life-Balance anbieten.	0,0% (0)	5,3% (1)	**52,6% (10)**	42,1% (8)	19
Wir möchten in unserem Unternehmen mit dieser Maßnahme dem Burnout-Syndrom vorbeugen.	5,3% (1)	31,6% (6)	**42,1% (8)**	21,1% (4)	19
				answered question	19
				skipped question	0

2. Seit wann gibt es in Ihrem Unternehmen das Angebot eines Sabbaticals?

	Response Percent	Response Count
weniger als 5 Jahre	52,6%	10
5 bis 10 Jahre	10,5%	2
mehr als 10 Jahre	36,8%	7
answered question		19
skipped question		0

3. Unsere Mitarbeiter erhalten umfassende Informationen zum Angebot von Sabbaticals. Diese Aussage trifft...

	Response Percent	Response Count
gar nicht zu	15,8%	3
eher weniger zu	36,8%	7
eher mehr zu	26,3%	5
voll zu	21,1%	4
answered question		19
skipped question		0

4. Mitarbeiter mit Führungsverantwortung engagieren sich glaubhaft für das Angebot und die Inanspruchnahme von Sabbaticals. Diese Aussage trifft...

	Response Percent	Response Count
gar nicht zu	10,5%	2
eher weniger zu	47,4%	9
eher mehr zu	31,6%	6
voll zu	10,5%	2
answered question		19
skipped question		0

5. Wie viele Mitarbeiter nehmen ein Sabbatical im Jahr in Anspruch?

	Response Percent	Response Count
1-10% der Belegschaft	94,7%	18
11-50% der Belegschaft	0,0%	0
51-70% der Belegschaft	5,3%	1
71-100% der Belegschaft	0,0%	0
answered question		19
skipped question		0

6. Welches Alter haben die Mitarbeiter, die es beantragen?

	keiner	1-25%	26-50%	51-75%	76-100%	Response Count
20-30 Jahre	26,3% (5)	**52,6% (10)**	15,8% (3)	5,3% (1)	0,0% (0)	19
31-40 Jahre	15,8% (3)	**52,6% (10)**	21,1% (4)	10,5% (2)	0,0% (0)	19
41-50 Jahre	26,3% (5)	**57,9% (11)**	10,5% (2)	0,0% (0)	5,3% (1)	19
älter als 50 Jahre	**73,7% (14)**	21,1% (4)	0,0% (0)	0,0% (0)	5,3% (1)	19
answered question						19
skipped question						0

7. Der Anteil der Mitarbeiter, die ein Sabbatical beantragen, sind...

	Response Percent	Response Count
ca. 50% weiblich und 50% männlich	47,4%	9
mehr als 50% weiblich und weniger als 50% männlich	10,5%	2
weniger als 50% weiblich und mehr als 50% männlich	42,1%	8
answered question		19
skipped question		0

8. Wie hoch ist der Anteil der Führungskräfte, die Sabbaticals in Anspruch nehmen?

	Response Percent	Response Count
keiner	26,3%	5
1-10% der Führungskräfte	68,4%	13
11-50% der Führungskräfte	0,0%	0
51-70% der Führungskräfte	0,0%	0
71-100% der Führungskräfte	5,3%	1
	answered question	19
	skipped question	0

9. Wie lange nehmen Ihre Mitarbeiter ein Sabbatical?

	keiner	1-25%	26-50%	51-75%	76-100%	Response Count
0-3 Monate	42,1% (8)	15,8% (3)	21,1% (4)	21,1% (4)	0,0% (0)	19
4-6 Monate	15,8% (3)	57,9% (11)	15,8% (3)	5,3% (1)	5,3% (1)	19
7-9 Monate	73,7% (14)	15,8% (3)	5,3% (1)	5,3% (1)	0,0% (0)	19
10-12 Monate	68,4% (13)	15,8% (3)	0,0% (0)	5,3% (1)	10,5% (2)	19
länger als 12 Monate	78,9% (15)	10,5% (2)	10,5% (2)	0,0% (0)	0,0% (0)	19
					answered question	19
					skipped question	0

10. Sind nach Ihrer Einschätzung Ihre Mitarbeiter positiv verändert an ihren Arbeitsplatz zurückgekehrt?

	Response Percent	Response Count
Ja	57,9%	11
Nein	5,3%	1
Fällt mir schwer zu beurteilen	36,8%	7
	answered question	19
	skipped question	0

11. Was ist Ihnen aufgefallen? (Bitte nehmen Sie zu jeder Aussage Stellung.) Diese Aussage trifft...

	gar nicht zu	eher weniger zu	eher mehr zu	voll zu	Response Count
Unsere Mitarbeiter sind motivierter.	0,0% (0)	0,0% (0)	**63,6% (7)**	36,4% (4)	11
Unsere Mitarbeiter sind kreativer.	0,0% (0)	36,4% (4)	**45,5% (5)**	18,2% (2)	11
Unsere Mitarbeiter sind ausgeglichener.	0,0% (0)	0,0% (0)	**63,6% (7)**	36,4% (4)	11
Unsere Mitarbeiter sind produktiver.	0,0% (0)	9,1% (1)	**63,6% (7)**	27,3% (3)	11
Unsere Mitarbeiter besitzen mehr Know-how/verbesserte Qualifikationen, z.B. durch interne Besetzung der frei gewordenen Stelle durch das Sabbatical oder bessere Fremdsprachenkenntnisse oder andere Kenntnisse durch den Sabbatical-Teilnehmer.	9,1% (1)	36,4% (4)	**45,5% (5)**	9,1% (1)	11
Unsere Mitarbeiter besitzen verbesserte Soft-Skills.	9,1% (1)	**45,5% (5)**	36,4% (4)	9,1% (1)	11
				answered question	11
				skipped question	8

12. Wie lange hielt dieser Zustand an?

	Response Percent	Response Count
0-6 Monate	45,5%	5
7-12 Monate	0,0%	0
mehr als 12 Monate, konstant	0,0%	0
kein allgemeiner Zeitbezug möglich	54,5%	6
	answered question	11
	skipped question	8

13. Je länger ein Sabbatical andauert, desto positiver sind die Veränderungen. Diese Aussage trifft...

	Response Percent	Response Count
gar nicht zu	9,1%	1
eher weniger zu	54,5%	6
eher mehr zu	27,3%	3
voll zu	9,1%	1
answered question		11
skipped question		8

14. Wie viele Mitarbeiter von denen, die ein Sabbatical im Jahr in Anspruch nehmen, sind unmittelbar nach der Rückkehr abgewandert bzw. haben gekündigt?

	Response Percent	Response Count
keiner	68,4%	13
1-25% der Teilnehmer	26,3%	5
26-25% der Teilnehmer	5,3%	1
51-75% der Teilnehmer	0,0%	0
76-100% der Teilnehmer	0,0%	0
answered question		19
skipped question		0

15. Die Maßnahme "Sabbatical" wirkt sich positiv auf das Unternehmen aus. (Bitte nehmen Sie zu jeder Aussage Stellung.) Diese Aussage trifft...

	gar nicht zu	eher weniger zu	eher mehr zu	voll zu	Response Count
Es gibt neue Ideen für Prozesse, Produkte bzw. Dienstleistungen.	26,3% (5)	31,6% (6)	**36,8% (7)**	5,3% (1)	19
Neue Kunden/Aufträge konnten/können gewonnen werden.	26,3% (5)	**52,6% (10)**	21,1% (4)	0,0% (0)	19
Das Betriebsklima hat sich verbessert.	10,5% (2)	**47,4% (9)**	36,8% (7)	5,3% (1)	19
Die Fluktuation hat sich verbessert.	21,1% (4)	**52,6% (10)**	26,3% (5)	0,0% (0)	19
Sabbaticals konnten/können wir in Krisenzeiten zur Überbrückung einsetzen. Die Inanspruchnahme von Sabbaticals hat zur Arbeitsplatzsicherung beigetragen.	**47,4% (9)**	36,8% (7)	15,8% (3)	0,0% (0)	19
Die Fehlzeiten haben sich verringert.	**42,1% (8)**	**42,1% (8)**	15,8% (3)	0,0% (0)	19
Unsere Mitarbeiter fühlen sich dem Unternehmen sehr verbunden.	5,3% (1)	15,8% (3)	**63,2% (12)**	15,8% (3)	19
Die Personalgewinnung hat sich verbessert.	21,1% (4)	**52,6% (10)**	21,1% (4)	5,3% (1)	19
Das Image des Unternehmens hat sich verbessert.	15,8% (3)	21,1% (4)	**52,6% (10)**	10,5% (2)	19
In den Medien wird positiv über das Unternehmen berichtet.	31,6% (6)	**36,8% (7)**	26,3% (5)	5,3% (1)	19
Wir können geringere Personalentwicklungskosten dokumentieren, da Mitarbeiter das Sabbatical zur Weiterbildung genutzt haben.	31,6% (6)	**47,4% (9)**	21,1% (4)	0,0% (0)	19
Ehrlich gesagt, es hat sich nichts geändert.	**36,8% (7)**	**36,8% (7)**	21,1% (4)	5,3% (1)	19
				answered question	19
				skipped question	0

16. Finden regelmäßig Controlling-Maßnahmen zu Sabbaticals statt, um deren Ergebnisse und Auswirkungen zu messen?

	Response Percent	Response Count
Ja	15,8%	3
Nein, warum nicht (bitte angeben):	84,2%	16
answered question		19
skipped question		0

17. Ja, und zwar: (Mehrfachnennungen möglich)

	Response Percent	Response Count
Personalstatistiken	33,3%	1
Kennzahlen und Kennzahlensysteme, z.B. Fluktuation, ROI	66,7%	2
Humanvermögensrechnung (auch Humankapitalrechnung)	0,0%	0
Kosten-Nutzen-Analysen	0,0%	0
Benchmarking	66,7%	2
Chancen-Risiken-Analysen/Stärken-Schwächen-Analysen (auch SWOT-Analysen)	0,0%	0
Personalportfolios (stars, workhorses, problem employees, dead wood)	33,3%	1
Befragungen	66,7%	2
Sonstiges (bitte angeben)	0,0%	0
answered question		3
skipped question		16

18. Kann ein deutlicher Mehrwert dokumentiert werden?

	Response Percent	Response Count
Nein	78,9%	15
Ja (bitte angeben)	21,1%	4
answered question		19
skipped question		0

19. Wie bedeutsam ist das Thema Sabbaticals in Ihrem Unternehmen?

	Response Percent	Response Count
gar nicht bedeutsam	15,8%	3
eher weniger bedeutsam	42,1%	8
eher mehr bedeutsam	31,6%	6
sehr bedeutsam	10,5%	2
answered question		19
skipped question		0

20. Was denken Sie, wie sich die Bedeutsamkeit in den nächsten 5 Jahren in Ihrem Unternehmen entwickeln wird?

	Response Percent	Response Count
gar nicht bedeutsam	10,5%	2
eher weniger bedeutsam	15,8%	3
eher mehr bedeutsam	68,4%	13
sehr bedeutsam	5,3%	1
answered question		19
skipped question		0

21. Welche weiteren Work-Life-Balance-Konzepte gibt es in Ihrem Unternehmen? (Mehrfachnennungen möglich)

	Response Percent	Response Count
keine	0,0%	0
Jahresarbeitszeitkonten	47,4%	9
Lebensarbeitszeitkonten	26,3%	5
Teilzeitarbeit	100,0%	19
Vertrauensarbeitszeit	52,6%	10
Telearbeit	68,4%	13
Job-Sharing	26,3%	5
Kinderbetreuung	47,4%	9
Haushaltsnahe Dienstleistungen	15,8%	3
Gesundheits-Check	68,4%	13
Gesundheitsfördernder Arbeitsplatz	57,9%	11
Fitnessangebote und Betriebssport	84,2%	16
Sonstiges (bitte angeben)	15,8%	3
answered question		19
skipped question		0

22. Hat Ihr Unternehmen in den letzten Jahren ein Prädikat für besonderes Personalmanagement erhalten (z.B. Deutschlands bester AG, Total eQuality, Familien-Audit)?

	Response Percent	Response Count
Ja	31,6%	6
Nein	68,4%	13
answered question		19
skipped question		0

23. Zu welcher Branche zählt Ihr Unternehmen?

	Response Percent	Response Count
Automobil/-zulieferer	0,0%	0
Beratung	15,8%	3
Banken/Finanzdienstleistungen	0,0%	0
Bauwirtschaft	5,3%	1
Chemie/Pharma/Biotechnologie	5,3%	1
Dienstleistungen	10,5%	2
Elektrotechnik/Elektronik	10,5%	2
Energie	5,3%	1
Gesundheitswesen	0,0%	0
Handel	10,5%	2
Immobilien	0,0%	0
IT/IT-Dienstleistungen	0,0%	0
Maschinen-/Anlagenbau	0,0%	0
Medien	0,0%	0
Metall	0,0%	0
Telekommunikation	0,0%	0
Tourismus/Gastronomie	0,0%	0
Transport/Logistik/Verkehr	0,0%	0
Versicherung	5,3%	1
Wirtschaftsprüfung/Steuerberatung	0,0%	0
Umwelt/Recycling	0,0%	0
Sonstige Branche	31,6%	6
answered question		19
skipped question		0

24. Bitte geben Sie die Mitarbeiteranzahl Ihres Unternehmens an.

	Response Percent	Response Count
weniger als 200 Mitarbeiter	15,8%	3
200-500 Mitarbeiter	26,3%	5
mehr als 500 Mitarbeiter	57,9%	11
answered question		19
skipped question		0

25. Liegt der Hauptsitz Ihres Unternehmens in Deutschland?

	Response Percent	Response Count
Ja	73,7%	14
Nein	26,3%	5
answered question		19
skipped question		0

26. Nein, der Hauptsitz liegt in...

	Response Percent	Response Count
Europa (außerhalb Deutschland)	80,0%	4
Nordamerika	20,0%	1
Mittel- und Südamerika	0,0%	0
Asien	0,0%	0
Afrika	0,0%	0
Australien/Neuseeland	0,0%	0
answered question		5
skipped question		14

Seite 6, F16. Finden regelmäßig Controlling-Maßnahmen zu Sabbaticals statt, um deren Ergebnisse und Auswirkungen zu messen?

1	Die Führungskräfte sprechen die Mitarbeiter in den regelmäßigen Personalgesprächen auf diese Themen zwar an und treffen Vereinbarungen und Planungen, aber regelmäßige Controlling-Maßnahmen gezielt für Sabbaticals sind das nicht.	Oct 25, 2011 3:06 AM
2	zentrale Personalgewinnung	Oct 25, 2011 2:20 AM
3	doof	Oct 25, 2011 12:02 AM
4	weiß ich nicht	Oct 24, 2011 3:48 AM
5	zu geringer Teil der Mitarbeiter, die Sabbaticals nutzen	Oct 13, 2011 10:45 AM
6	Prozess ist noch nicht etabliert	Oct 10, 2011 1:21 AM
7	Die Nachfrage ist zu gering	Oct 5, 2011 10:37 PM
8	bisher die Notwendigkeit noch nicht erkannt	Oct 5, 2011 10:08 PM
9	Zu wenige Sabbaticals werden in Anspruch genommen	Oct 4, 2011 2:15 AM
10	mangeldes Interesse und Zeit	Oct 3, 2011 11:43 PM
11	zu Aufwändig	Sep 30, 2011 6:35 AM
12	Da bisher kein Fokus darauf gelegt wurde.	Sep 29, 2011 7:39 AM
13	Wir setzen Sabbaticals grundsätzlich ein und stellen sie nicht in Frage. Gehört zu unserer Branche dazu (Unternehmensberatung)	Sep 28, 2011 5:47 AM
14	.	Sep 27, 2011 11:14 PM
15	kein tool	Sep 27, 2011 9:52 AM
16	Sabbaticals sind Teil der Anstellungsbedingungen und für Mitarbeitenden frei verfügbar.	Sep 27, 2011 7:10 AM

Seite 6, F18. Kann ein deutlicher Mehrwert dokumentiert werden?

1	Durch das Feedback der Kollegen gegenüber den Führungskräften/anderen Kollegen	Oct 25, 2011 3:06 AM
2	durch verringerte Fluktuation geringere Recruitingkosten	Oct 12, 2011 1:33 AM
3	...	Sep 28, 2011 11:45 PM
4	Zufriedenheit, Bindung, Ausgleich Mitarbeitende	Sep 27, 2011 7:10 AM

Seite 7, F21. Welche weiteren Work-Life-Balance-Konzepte gibt es in Ihrem Unternehmen? (Mehrfachnennungen möglich)

1	Job-Alternativen nach "Kinderpause", die temporär oder dauerhaft flexiblere Arbeitszeitmodelle ermöglichen.	Oct 25, 2011 3:08 AM
2	Massagen,	Oct 4, 2011 2:17 AM
3	Gleitzeitkonten	Sep 28, 2011 5:48 AM

Nr. 3 a)

Kreuztabelle Einführungszeitraum von Sabbaticals (Frage 2) / umfassende Informationen von Sabbaticals an Mitarbeiter (Frage 3)

Unsere Mitarbeiter erhalten umfassende Informationen zum Angebot von Sabbaticals. Diese Aussage trifft...

	Seit wann gibt es in Ihrem Unternehmen das Angebot eines Sabbaticals?		Response Totals
	weniger als 5 Jahre	mehr als 10 Jahre	
gar nicht zu	30,0% (3)	0,0% (0)	17,6% (3)
eher weniger zu	40,0% (4)	28,6% (2)	35,3% (6)
eher mehr zu	20,0% (2)	28,6% (2)	23,5% (4)
voll zu	10,0% (1)	42,9% (3)	23,5% (4)
answered question	10	7	17
		skipped question	0

Nr. 3 b)

Kreuztabelle Einführungszeitraum von Sabbaticals (Frage 2) / Engagement der Führungskräfte für Sabbaticals (Frage 4)

Mitarbeiter mit Führungsverantwortung engagieren sich glaubhaft für das Angebot und die Inanspruchnahme von Sabbaticals. Diese Aussage trifft...	Seit wann gibt es in Ihrem Unternehmen das Angebot eines Sabbaticals?		Response Totals
	weniger als 5 Jahre	mehr als 10 Jahre	
gar nicht zu	20,0% (2)	0,0% (0)	11,8% (2)
eher weniger zu	**50,0% (5)**	28,6% (2)	**41,2% (7)**
eher mehr zu	30,0% (3)	**42,9% (3)**	35,3% (6)
voll zu	0,0% (0)	28,6% (2)	11,8% (2)
answered question	10	7	17
		skipped question	0

Nr. 3 c)

Filter Informationen an Mitarbeiter *trifft voll zu*

Mitarbeiter mit Führungsverantwortung engagieren sich glaubhaft für das Angebot und die Inanspruchnahme von Sabbaticals. Diese Aussage trifft...

	Response Percent	Response Count
gar nicht zu	0,0%	0
eher weniger zu	0,0%	0
eher mehr zu	50,0%	2
voll zu	50,0%	2
answered question		4
skipped question		0

Sind nach Ihrer Einschätzung Ihre Mitarbeiter positiv verändert an ihren Arbeitsplatz zurückgekehrt?

	Response Percent	Response Count
Ja	100,0%	4
Nein	0,0%	0
Fällt mir schwer zu beurteilen	0,0%	0
answered question		4
skipped question		0

Was ist Ihnen aufgefallen? (Bitte nehmen Sie zu jeder Aussage Stellung.) Diese Aussage trifft...

	gar nicht zu	eher weniger zu	eher mehr zu	voll zu	Response Count
Unsere Mitarbeiter sind motivierter.	0,0% (0)	0,0% (0)	25,0% (1)	**75,0% (3)**	4
Unsere Mitarbeiter sind kreativer.	0,0% (0)	25,0% (1)	25,0% (1)	**50,0% (2)**	4
Unsere Mitarbeiter sind ausgeglichener.	0,0% (0)	0,0% (0)	25,0% (1)	**75,0% (3)**	4
Unsere Mitarbeiter sind produktiver.	0,0% (0)	0,0% (0)	**50,0% (2)**	**50,0% (2)**	4
Unsere Mitarbeiter besitzen mehr Know-how/verbesserte Qualifikationen, z.B. durch interne Besetzung der frei gewordenen Stelle durch das Sabbatical oder bessere Fremdsprachenkenntnisse oder andere Kenntnisse durch den Sabbatical-Teilnehmer.	0,0% (0)	25,0% (1)	**50,0% (2)**	25,0% (1)	4
Unsere Mitarbeiter besitzen verbesserte Soft-Skills.	0,0% (0)	25,0% (1)	**50,0% (2)**	25,0% (1)	4
				answered question	4
				skipped question	0

Nr. 3 d)

Kreuztabelle Mitarbeiteranzahl in Unternehmen (Frage 24) / Anteil der Führungskräfte, die Sabbaticals nutzen (Frage 8)

Wie hoch ist der Anteil der Führungskräfte, die Sabbaticals in Anspruch nehmen?

	Bitte geben Sie die Mitarbeiteranzahl Ihres Unternehmens an.		
	weniger als 200 Mitarbeiter	mehr als 500 Mitarbeiter	Response Totals
keiner	0,0% (0)	27,3% (3)	21,4% (3)
1-10% der Führungskräfte	66,7% (2)	72,7% (8)	71,4% (10)
11-50% der Führungskräfte	0,0% (0)	0,0% (0)	0,0% (0)
51-70% der Führungskräfte	0,0% (0)	0,0% (0)	0,0% (0)
71-100% der Führungskräfte	33,3% (1)	0,0% (0)	7,1% (1)
answered question	3	11	14
skipped question			0

Nr. 3 e)

Kreuztabelle Mitarbeiteranzahl in Unternehmen (Frage 24) / Schaffung von Mehrwert (Frage 18)

Kann ein deutlicher Mehrwert dokumentiert werden?			
	Bitte geben Sie die Mitarbeiteranzahl Ihres Unternehmens an.		
	weniger als 200 Mitarbeiter	mehr als 500 Mitarbeiter	Response Totals
Nein	33,3% (1)	90,9% (10)	78,6% (11)
Ja (bitte angeben)	**2 replies (66,7%)**	1 reply (9,1%)	21,4% (3)
answered question	3	11	14
		skipped question	0

Nr. 3 f)

Kreuztabelle Einführungszeitraum von Sabbaticals (Frage 2) / Gründe für die Einführung von Sabbaticals in Unternehmen (Frage 1)

Welche Gründe haben dazu geführt, in Ihrem Unternehmen Sabbaticals anzubieten? (Bitte nehmen Sie zu jeder Aussage Stellung.) Diese Aussage trifft...

		Seit wann gibt es in Ihrem Unternehmen das Angebot eines Sabbaticals?		Response Totals
		weniger als 5 Jahre	mehr als 10 Jahre	
Die weitere demographische Entwicklung, insbesondere das Ansteigen des Rentenalters, erfordert es, dass wir uns mit einer veränderten Personalpolitik vorbereiten und Sabbaticals anbieten.	gar nicht zu	20,0% (2)	14,3% (1)	
	eher weniger zu	30,0% (3)	71,4% (5)	
	eher mehr zu	40,0% (4)	0,0% (0)	
	voll zu	10,0% (1)	14,3% (1)	
		10	7	17

Nr. 3 g)

Kreuztabelle Mitarbeiteranzahl in Unternehmen (Frage 24) / positive Auswirkungen auf das Unternehmen (Frage 15)

Die Maßnahme "Sabbatical" wirkt sich positiv auf das Unternehmen aus. (Bitte nehmen Sie zu jeder Aussage Stellung.) Diese Aussage trifft...

		Bitte geben Sie die Mitarbeiteranzahl Ihres Unternehmens an.		Response Totals
		weniger als 200 Mitarbeiter	mehr als 500 Mitarbeiter	
Die Personalgewinnung hat sich verbessert.	gar nicht zu	0,0% (0)	18,2% (2)	
	eher weniger zu	33,3% (1)	63,6% (7)	
	eher mehr zu	66,7% (2)	9,1% (1)	
	voll zu	0,0% (0)	9,1% (1)	
		3	11	14

Nr. 3 h)

Kreuztabelle Mitarbeiteranzahl in Unternehmen (Frage 24) / Gründe für die Einführung von Sabbaticals in Unternehmen (Frage 1)

Welche Gründe haben dazu geführt, in Ihrem Unternehmen Sabbaticals anzubieten? (Bitte nehmen Sie zu jeder Aussage Stellung.) Diese Aussage trifft...

		Bitte geben Sie die Mitarbeiteranzahl Ihres Unternehmens an.		
		weniger als 200 Mitarbeiter	mehr als 500 Mitarbeiter	Response Totals
Die weitere demographische Entwicklung, insbesondere das Ansteigen des Rentenalters, erfordert es, dass wir uns mit einer veränderten Personalpolitik vorbereiten und Sabbaticals anbieten.	gar nicht zu	0,0% (0)	27,3% (3)	
	eher weniger zu	100,0% (3)	36,4% (4)	
	eher mehr zu	0,0% (0)	27,3% (3)	
	voll zu	0,0% (0)	9,1% (1)	
		3	11	14
Sabbaticals schaffen uns auf dem Arbeitsmarkt einen Wettbewerbsvorteil.	gar nicht zu	0,0% (0)	0,0% (0)	
	eher weniger zu	66,7% (2)	27,3% (3)	
	eher mehr zu	0,0% (0)	36,4% (4)	
	voll zu	33,3% (1)	36,4% (4)	
		3	11	14

Die Nachfrage seitens unserer Mitarbeiter stieg/steigt.	gar nicht zu	**66,7%** **(2)**	0,0% (0)	
	eher weniger zu	33,3% (1)	27,3% (3)	
	eher mehr zu	0,0% (0)	**45,5%** **(5)**	
	voll zu	0,0% (0)	27,3% (3)	
		3	11	14

Nr. 3 i)

Kreuztabelle Mitarbeiteranzahl in Unternehmen (Frage 24) / Dauer der in Anspruch genommenen Sabbaticals (Frage 9)

Wie lange nehmen Ihre Mitarbeiter ein Sabbatical?

			Bitte geben Sie die Mitarbeiteranzahl Ihres Unternehmens an.		
			weniger als 200 Mitarbeiter	mehr als 500 Mitarbeiter	Response Totals
0-3 Monate		keiner	0,0% (0)	54,5% (6)	
		1-25%	33,3% (1)	9,1% (1)	
		26-50%	0,0% (0)	18,2% (2)	
		51-75%	66,7% (2)	18,2% (2)	
		76-100%	0,0% (0)	0,0% (0)	
			3	11	14
4-6 Monate		keiner	0,0% (0)	18,2% (2)	
		1-25%	100,0% (3)	54,5% (6)	
		26-50%	0,0% (0)	9,1% (1)	
		51-75%	0,0% (0)	9,1% (1)	
		76-100%	0,0% (0)	9,1% (1)	
			3	11	14

7-9 Monate	keiner	100,0% (3)	54,5% (6)	
	1-25%	0,0% (0)	27,3% (3)	
	26-50%	0,0% (0)	9,1% (1)	
	51-75%	0,0% (0)	9,1% (1)	
	76-100%	0,0% (0)	0,0% (0)	
		3	11	14
10-12 Monate	keiner	100,0% (3)	45,5% (5)	
	1-25%	0,0% (0)	27,3% (3)	
	26-50%	0,0% (0)	0,0% (0)	
	51-75%	0,0% (0)	9,1% (1)	
	76-100%	0,0% (0)	18,2% (2)	
		3	11	14
länger als 12 Monate	keiner	100,0% (3)	63,6% (7)	
	1-25%	0,0% (0)	18,2% (2)	
	26-50%	0,0% (0)	18,2% (2)	
	51-75%	0,0% (0)	0,0% (0)	
	76-100%	0,0% (0)	0,0% (0)	
		3	11	14
	answered question	3	11	14
			skipped question	0

Nr. 3 j)

Kreuztabelle Einführungszeitraum von Sabbaticals (Frage 2) / positive Veränderung der Mitarbeiter (Frage 10)

Sind nach Ihrer Einschätzung Ihre Mitarbeiter positiv verändert an ihren Arbeitsplatz zurückgekehrt?

	Seit wann gibt es in Ihrem Unternehmen das Angebot eines Sabbaticals?		
	weniger als 5 Jahre	mehr als 10 Jahre	Response Totals
Ja	50,0% (5)	85,7% (6)	64,7% (11)
Nein	0,0% (0)	0,0% (0)	0,0% (0)
Fällt mir schwer zu beurteilen	50,0% (5)	14,3% (1)	35,3% (6)
answered question	10	7	17
		skipped question	0

Nr. 3 k)

Filter Anteil Kündigungen von 1 - 25 Prozent

Die Maßnahme "Sabbatical" wirkt sich positiv auf das Unternehmen aus. (Bitte nehmen Sie zu jeder Aussage Stellung.) Diese Aussage trifft...

	gar nicht zu	eher weniger zu	eher mehr zu	voll zu	Response Count
Es gibt neue Ideen für Prozesse, Produkte bzw. Dienstleistungen.	20,0% (1)	20,0% (1)	60,0% (3)	0,0% (0)	5
Neue Kunden/Aufträge konnten/können gewonnen werden.	20,0% (1)	20,0% (1)	60,0% (3)	0,0% (0)	5
Das Betriebsklima hat sich verbessert.	0,0% (0)	40,0% (2)	40,0% (2)	20,0% (1)	5
Die Fluktuation hat sich verbessert.	0,0% (0)	80,0% (4)	20,0% (1)	0,0% (0)	5
Sabbaticals konnten/können wir in Krisenzeiten zur Überbrückung einsetzen. Die Inanspruchnahme von Sabbaticals hat zur Arbeitsplatzsicherung beigetragen.	40,0% (2)	20,0% (1)	40,0% (2)	0,0% (0)	5
Die Fehlzeiten haben sich verringert.	40,0% (2)	60,0% (3)	0,0% (0)	0,0% (0)	5
Unsere Mitarbeiter fühlen sich dem Unternehmen sehr verbunden.	0,0% (0)	20,0% (1)	40,0% (2)	40,0% (2)	5
Die Personalgewinnung hat sich verbessert.	0,0% (0)	60,0% (3)	40,0% (2)	0,0% (0)	5
Das Image des Unternehmens hat sich verbessert.	0,0% (0)	40,0% (2)	60,0% (3)	0,0% (0)	5
In den Medien wird positiv über das Unternehmen berichtet.	0,0% (0)	20,0% (1)	80,0% (4)	0,0% (0)	5
Wir können geringere Personalentwicklungskosten dokumentieren, da Mitarbeiter das Sabbatical zur Weiterbildung genutzt haben.	40,0% (2)	40,0% (2)	20,0% (1)	0,0% (0)	5
Ehrlich gesagt, es hat sich nichts geändert.	40,0% (2)	40,0% (2)	20,0% (1)	0,0% (0)	5
				answered question	5
				skipped question	0

Literaturverzeichnis

Monographien

ATTESLANDER, P. (2008): Methoden der empirischen Sozialforschung, 12., durchgesehene Auflage, Berlin 2008

BECKER, F. G. (2002): Lexikon des Personalmanagements – Über 1000 Begriffe zu Instrumenten, Methoden und rechtlichen Grundlagen betrieblicher Personalarbeit, 2. Auflage, o.O. 2002

BLOM, H., Meier, H. (2004): Interkulturelles Management – Interkulturelle Kommunikation, Internationales Personalmanagement, Diversity-Ansätze im Unternehmen, 2. Auflage, Herne und Berlin 2004

BRETAG, M. (2007): Arbeitszeitflexibilisierung im Interessenkonflikt zwischen Arbeitgebern und Arbeitnehmern: eine unternehmenspolitische Analyse, Diss., München 2007

BRINKMANN, R. D., Stapf, K. H. (2005): Innere Kündigung – Wenn der Job zur Fassade wird, München 2005

BUNDESAGENTUR FÜR ARBEIT (2007): Arbeitszeitmodelle – Möglichkeiten flexibler Beschäftigung, o.O. 2007

BUNDESMINISTERIUM FÜR FAMILIE, SENIOREN, FRAUEN UND JUGEND (2005): Work-Life-Balance – Motor für wirtschaftliches Wachstum und gesellschaftliche Stabilität – Analyse der volkswirtschaftlichen Effekte – Zusammenfassung der Ergebnisse, Berlin 2005

CRF INSTITUTE (2011): Zusatzleistungen im Vergleich – Top Arbeitgeber Europas punkten mit sekundären Benefits, Presseinformation, Düsseldorf 2011

DEBA (2009): Employer Branding – der Weg zur Arbeitgebermarke, Berlin 2009

DELLER, C. (2004): Evaluation flexibler Arbeitszeitmodelle am Beispiel einer Unternehmensberatung – Die motivationalen Auswirkungen verschiedener Sabbatical- und Teilzeitprogramme aus Teilnehmersicht, München und Mering 2004

DELLER, J., Kern, S., Hausmann, E., Diederichs, Y. (2008): Personalmanagement im demografischen Wandel – Ein Handbuch für den Veränderungsprozess, Heidelberg 2008

DÖRING, R. (2009): Das neue Gesetz zur Verbesserung der Rahmenbedingungen für die Absicherung flexibler Arbeitszeitregelungen (»Flexi-II-Gesetz«), Köln 2009

FREYER, W. (2007): Tourismus-Marketing – Marktorientiertes Management im Mikro- und Makrobereich der Tourismuswirtschaft, 5. Auflage, München 2007

FRÖHLICH, W. (1987): Strategisches Personalmarketing – Kontinuierliche Unternehmensentwicklung durch systematische Ausnutzung interner und externer Qualifikationspotentiale, Düsseldorf 1987

GÄRTNER, J., Klein, C., Lutz, D. (2008): Arbeitszeitmodelle – Handbuch zur Arbeitszeitgestaltung, 3., aktualisierte Auflage, Wien 2008

GLEIßNER, R. (2009): Personalmaßnahmen in der Krise, hrsg. vom WKÖ, 2009

GUTMANN, J., Hüsgen, J. (2005): Flexible Arbeitszeit – Wie sie moderne Konzepte und Modelle nutzen, München 2005

HAHN, C. M. (2009): Flexible Arbeitszeiten – Der rechtliche Entscheidungsrahmen zur Variabilisierung von Dauer, Lage und Verteilung der betrieblichen Arbeitszeit, Diss., Saarbrücken 2009

HAMM, I. (2001): Handbücher für die Unternehmenspraxis – Flexible Arbeitszeiten in der Praxis, 2., überarbeitete Auflage, Frankfurt am Main 2001

HERZOG-STEIN, A., Seifert, H. (2010): Deutsches „Beschäftigungswunder" und flexible Arbeitszeiten, WSI Diskussionspapier Nr. 169, Düsseldorf 2010

HOFF, A. (2009): Langzeitkonto, Düsseldorf 2009

JAEGER, S. (2006): Mitarbeiterbindung – Zur Relevanz der dauerhaften Bindung von Mitarbeitern in modernen Unternehmen, Saarbrücken 2006

KIENBAUM (2007): Work-Life Balance im Kontext des Demographischen Wandels – Studienergebnisse 2007, Berlin 2007

KLEINBECK, U. (1996): Arbeitsmotivation – Entstehung, Wirkung und Förderung, Weinheim 1996

KLENNER, C., Pfahl, S., Reuyß, S. (2002): Arbeitszeiten – Kinderzeiten – Familienzeiten – Bessere Vereinbarkeit durch Sabbaticals und Blockfreizeiten?, Forschungs-projekt im Auftrag des Ministeriums für Arbeit und Soziales, Qualifikation und Technologie (MASQT) des Landes Nordrhein-Westfalen, Düsseldorf 2003

KOLB, M. (2008): Personalmanagement – Grundlagen – Konzepte – Praxis, Wiesbaden 2008

KOMREY, H. (2009): Empirische Sozialforschung, 12. Auflage, Stuttgart 2009

KONRAD, K. (1999): Mündliche und schriftliche Befragung – Forschung, Statistik und Methoden, Band 4, Landau 1999

LINNENKOHL, K., Rauschenberg, H.-J. u.a. (1996): Arbeitszeitflexibilisierung – 40 Unternehmen und ihre Modelle, 3. Auflage, Heidelberg 1996

MARSULA, A. (2004): Sabbatical – geplante Auszeit vom Berufsleben, Zeitbüro NRW, Dortmund 2004

MICHALK, S., Nieder, P. (2007): Erfolgsfaktor Work-Life-Balance, Weinheim 2007

NECATI, L. (2004): Sabbatical/Langzeiturlaub, o.O. 2004

NERDINGER, F. W. (2003): Motivation von Mitarbeitern, Göttingen 2003

NERDINGER, F. W., Blickle, G., Schaper, N. (2011): Arbeits- und Organisationspsychologie, 2. Auflage, Berlin und Heidelberg 2011

OECHSLER, W. A. (2011): Personal und Arbeit – Grundlagen des Human Resource Management und der Arbeitgeber-Arbeitnehmer-Beziehungen, 9. Auflage, München 2011

OLFERT, K. (2003): Personalwirtschaft, 10. Auflage, Leipzig 2003

PRIEBE, A. (2007): Nachhaltige Personalentwicklung in kleinen und mittleren Unternehmen – Versuch einer Annäherung vor dem Hintergrund des demographischen Wandels, Diss. Minden 2007

PULTE, P., Mensler, S. (1999): Variable Arbeitszeitgestaltung, Heft 98, Heidelberg 1999

RICHTER, A. (2002): Aussteigen auf Zeit – Das Sabbatical-Handbuch, Köln 2002

ROSENSTIEL, L. v. (2007): Grundlagen der Organisationspsychologie – Basiswissen und Anwendungshinweise, 6., überarbeitete Auflage, Stuttgart 2007

SCHNELL, R., Hill, P. B., Esser, E. (2008): Methoden der empirischen Sozial-forschung, 8. Auflage, München 2008

SCHWARTZ, T., Loehr, J. (2003): Die Disziplin des Erfolgs, München 2003

STATISTISCHES BUNDESAMT (2009): Bevölkerung Deutschlands bis 2060 – 12. koordinierte Bevölkerungsvorausberechnung, Wiesbaden 2009

STOTZ, W., Wedel, A. (2009): Employer Branding: Mit Strategie zum bevorzugten Arbeitgeber, München 2009

SÜß, S. (2004): Internationales Personalmanagement – Eine theoretische Betrachtung, München und Mering 2004

TOMAN, S. (2006): Work-Life-Balance als ein Aspekt der Mitarbeitermotivation – Familienfreundliche Maßnahmen im Betrieb unter Berücksichtigung rechtlicher Rahmenbedingungen, Aachen 2006

WEHRHAHN, B., Holzbach, W., Heinen, E. (2001): Flexible Arbeitszeitgestaltung, Gifhorn 2001

WELGE, M. K., Holtbrügge, D. (2006): Internationales Management – Theorien, Funktionen, Fallstudien, 4. Auflage, Stuttgart 2006

ZEITBÜRO NRW (2009): Flexible Arbeitszeiten – Informationsbroschüre für Unternehmen in Nordrhein-Westfalen, Dortmund 2009

Aufsätze/Artikel in Sammelwerken, Kommentare, Festschriften

FAUTH-HERKNER, A., Wiebrock, S. (2001a): Aktuelle Arbeitszeitmodelle im Überblick, in: Fauth-Herkner, A. (Hrsg.), Flexibel ist nicht genug – Vom Arbeitszeitmodell zum effizienten Arbeits(zeit)management, Frechen 2001, S. 1-14

FAUTH-HERKNER, A., Wiebrock, S. (2001b): Bausteine einer erfolgreichen Umsetzung, in: Fauth-Herkner, A. (Hrsg.), Flexibel ist nicht genug – Vom Arbeitszeitmodell zum effizienten Arbeits(zeit)management, Frechen 2001, S. 99-112

FAUTH-HERKNER, A., Wiebrock, S. (2001c): Langzeitkonten, Sabbaticals und Zeitwertpapiere – Verführung zum „Stunden-Sammeln" oder Bindung von Fachkräften?, in: Fauth-Herkner, A. (Hrsg.), Flexibel ist nicht genug – Vom Arbeitszeitmodell zum effizienten Arbeits(zeit)management, Frechen 2001, S. 151-162

FAUTH-HERKNER, A., Wiebrock, S. (2001d): Teilzeit in der Praxis: Ein unterschätztes Potenzial?, in: Fauth-Herkner, A. (Hrsg.), Flexibel ist nicht genug – Vom Arbeitszeitmodell zum effizienten Arbeits(zeit)management, Frechen 2001, S. 207-214

FRÖHLICH, W. (2004): Nachhaltiges Personalmarketing – Entwicklung einer Rahmenkonzeption mit praxistauglichem Benchmarking-Modell, in: Fröhlich, W. (Hrsg.), Nachhaltiges Personalmarketing – Strategische Ansätze und Erfolgskonzepte aus der Praxis, Frechen 2004, S. 15-50

HEITZ, A. (1998): Zeitsouveränität für ArbeitnehmerInnen – Ein Gestaltungsmerkmal der Arbeitszeit und eine personalwirtschaftliche Herausforderung, in: Floßmann, U. (Hrsg.), Linzer Schriften zur Frauenforschung, Band 6, Linz 1998, S. 1-163

HILDEBRANDT, E. (2007): Langzeitkonten, Lebensplanung und Zeithandeln, in: Hildebrandt, E. (Hrsg.), Lebenslaufpolitik im Betrieb – Optionen zur Gestaltung der Lebensarbeitszeit durch Langzeitkonten, Berlin 2007, S. 173-202

HOFF, A. (2007): Welche Zukunft haben Langzeitkonten?, in: Hildebrandt, E. (Hrsg.), Lebenslaufpolitik im Betrieb – Optionen zur Gestaltung der Lebensarbeitszeit durch Langzeitkonten, Berlin 2007, S. 203-222

HOLENWEGER, T. (2001): Jahresarbeitszeit – Langzeitkonten – Lebensarbeitszeit – Die Ausdehnung des Zeithorizontes in der Arbeitszeitgestaltung, in: Marr, R. (Hrsg.), Arbeitszeitmanagement – Grundlagen und Perspektiven der Gestaltung flexibler Arbeitszeitsysteme, 3., neu bearbeitete Auflage, Berlin 2001, S. 83-98

MEUSSEN, P., Stehr, S. (2003): Personalmanagement, in: Kurt Nagel (Hrsg.), Praktische Unternehmensführung, 48. Nachlieferung, Landsberg und Lech 2003, S. 1-28

ROSENSTIEL, L. v. (1995): Wertewandel, in: Kieser, A., Reber, G., Wunderer, R. (Hrsg.), Handwörterbuch der Führung, 2. Auflage, Stuttgart 1995

SCHOBERT, D. B. (2007): Grundlagen zum Verständnis von Work-Life-Balance, in: Esslinger, A. S., Schobert, D. B. (Hrsg.), Erfolgreiche Umsetzung von Work-Life-Balance in Organisationen, Wiesbaden 2007, S. 19-33

STITZEL, M. (2004): Werte und Wertewandel, in: Gaugler, E., Oechsler, W. A., Weber, W. (Hrsg.), Handwörterbuch des Personalwesens, 3. Auflage, Stuttgart 2004, Sp. 1989-1998

ZERFAß, A., Piwinger, M. (2007): Kommunikation als Werttreiber und Erfolgsfaktor, in: Zerfaß, A., Piwinger, M. (Hrsg.), Handbuch Unternehmenskommunikation, Wiesbaden 2007, S. 5-18

Zeitschriftenartikel oder Zeitungsartikel

CISCH, T. B., Ulbrich, M. (2009): Das neue Flexi-Gesetz, in: Arbeit und Arbeitsrecht, 2009, S. 84-87

JÄGER, E. (2009): Personaleinsatzplanung, in: Arbeit und Arbeitsrecht, 2009, S. 91-95

RICHTER, G. (2003): Innere Kündigung – Über Verträge, die brechen können ohne dass sie je zustande gekommen sind, in: Personal, o.Jg., 2003, Nr. 9, S. 56-59

SPIEß, B., Lohkamp, R. (2008): Generationen, Lebensphasen und Leistungsfähigkeit, in: wissensmanagement, Heft 3, 2008, S. 20-21

TIMMERMANN, J. (2010): Der demografische Wandel als Herausforderung - Zeitwertkonten und Lebensarbeitszeitmodelle, in: Vermögen und Steuern, 2010, Nr. 5, S. 42

WEY, M. (2008): Kreative Auszeit mit Sprachtrainings im Ausland, in: HRM-Dossier, 2008, Nr. 42, S. 25-26

WIRTSCHAFTSWOCHE (2010): Die beliebtesten Arbeitgeber junger Berufstätiger, in: Wirtschaftswoche, 2010, Nr. 49, S. 90

ZACHEO, D. (2008): Sabbatical – Auszeit von Arbeit und Alltag, in: HRM-Dossier, 2008, Nr. 42, S. 6-20

Internetquellen

ARBEIT NRW (o.J.a): Sabbatical. URL: http://www.arbeit.nrw.de/pdf/arbeit/az_grundformenArbeitszeitgestaltung-12_sabbatical.pdf, Abruf 20.6.2011

ARBEIT NRW (o.J.b): Arbeitszeitkonto. URL: http://www.arbeit.nrw.de/pdf/arbeit/az-_grundformen_arbeitszeitgestaltung-13_arbeitszeitkonto.pdf, Abruf am 20.06.2011

ARBEIT NRW (o.J.c): Langzeitkonto. URL: http://www.arbeit.nrw.de/pdf/arbeit/az-_grundformen_arbeitszeitgestaltung-14_langzeitkonto.pdf, Abruf am 20.06.2011

ARBEITSRATGEBER (2011): Sabbatical: Eine berufliche Auszeit nehmen. URL: http://www.arbeitsratgeber.com/sabbatical_0170.html, Abruf am 23.8.2011

BOUABBA, R. (2009): Verschärfte Rahmenbedingungen zur Absicherung flexibler Arbeitszeiten. URL: http://www.mcgb.de/docs/MBP_2_09.pdf, Abruf am 13.9.2011

FOPP, L. (o.J.): Work-Life-Balance als persönliche Herausforderung. URL: http://www.continuum.ch/lebensprioritaeten/work-life-balance.html, Abruf am 1.8.2011

GALLUP (2010): Engagement Index. URL: http://eu.gallup.com/Berlin/118645/Gallup-Engagement-Index.aspx, Abruf am 11.12.2011

GEHRMANN, W. (2003): Freiheit für die Mitarbeiter, Profit für das Unternehmen. URL: http://www.zeit.de/2003/16/Arbeitszeit_neu, Abruf am 9.10.2011

HAUFE (o.J.): Details: Arbeitszeitkonten - Flexi II. URL: http://www.haufe.de/personal/specialContentDetail?specialID=1225893141.29, Abruf am 28.7.2011

HOFF, A. (2008): Das bringt ein Sabbatical. URL: http://www.stern.de/panorama/auszeit-vom-job-das-bringt-ein-sabbatical-646876.html, Abruf am 31.10.2011

I-LITERACY (o.J.): Methoden für Fortgeschrittene. URL: http://i-literacy.e-learning.imb-uni-augsburg.de/node/827, Abruf am 29.10.2011

INSTITUT DER DEUTSCHEN WIRTSCHAFT KÖLN (2002): Geschichte der AZF. URL: http://www.flexible-arbeitszeiten.de/kompakt/Geschichte1.htm, Abruf am 7.7.2011

INSTITUT DER DEUTSCHEN WIRTSCHAFT KÖLN (2003a): Nutzen von Zeitguthaben zur Weiterbildung und Weiterentwicklung mit ... Sabbaticals. URL: http://www.flexible-arbeitszeiten.de/Kompakt/Modelle/sabbatical1.htm, Abruf am 30.8.2011

INSTITUT DER DEUTSCHEN WIRTSCHAFT KÖLN (2003b): Modelle der Arbeitszeitflexibilisierung. URL: http://www.flexible-arbeitszeiten.de/Kompakt/Modelle/Modelle1.htm#WassindAZF, Abruf am 13.7.2011

INSTITUT DER DEUTSCHEN WIRTSCHAFT KÖLN (2003c): Arbeitszeitkonten. URL: http://www.flexible-arbeitszeiten.de/Kompakt/Modelle/Arbeitszeitkonten1.htm#Beschreibung, Abruf am 30.8.2011

KONETZNY, M. (2008): Sabbatical – Es gibt gute Gründe für eine Auszeit. URL: http://michael-konetzny.suite101.de/sabbatical-a46333, Abruf am 10.10.2011

LANGHEITER, C. (2008): Mut zur Auszeit - Längere Arbeitspausen spiegeln Sehnsucht nach neuer Arbeitskultur. URL: http://www.suite101.de/content/mut-zur-auszeit-a49950, Abruf am 21.9.2011

MOLL, M. (2011): Sabbatical. URL: http://www.dieweltenbummler.de/html/sabbatical.html, Abruf am 11.12.2011

OLLENIK, J. (2010): Sabbatjahr: Die Auszeit vom Job. URL: http://www.ruv.de/de/r_v_ratgeber/ausbildung_berufseinstieg/karrieretipps/sabbatjahr-auszeit-vom-job.jsp, Abruf am 28.7.2011

RIEDER, P. (2011): Sabbaticals – Pro und Contra der beruflichen Auszeit. URL: http://www.arbeitswelten.at/neue-arbeitswelten/sabbaticals/, Abruf am 22.5.2011

R+V (2009): Das Gesetz zur Verbesserung der Rahmenbedingungen für die Absicherung flexibler Arbeitszeitregelungen – „Flexi II". URL:

http://www.ruv.de/de/download/altersvorsorgeportal/flexi_praesentation_20090518.pdf, Abruf am 13.9.2011

THOM, N., Moser, R., Brunnschweiler, M. (2009): Work-Life-Balance als Chance für Arbeitgeber und Arbeitnehmer. URL: http://www.goldwynreports.com/?p=208, Abruf am 29.7.2011

THORMANN, H. (2007): Learning Sabbaticals: Ausstieg auf Zeit. URL: http://www.kreativesdenken.com/artikel/learning-sabbaticals-ausstieg-auf-zeit.html, Abruf am 23.8.2011

Gesetze

SGB IV (2009): Sozialgesetzbuch Viertes Buch - Gemeinsame Vorschriften für die Sozialversicherung vom 23. Dezember 1976 in der Fassung vom 12. November 2009, in: Arbeitsgesetze (ArbG)